JOSE LUIS GONZALEZ-BALADO

# MADRE TERESA DE CALCUTA

MI VIDA POR LOS POBRES

*bolsiTEMAS* • 54

temas 'de hoy.

## ACERCA DEL AUTOR

José Luis González-Balado es natural de Soutelo (Orense). Escritor, periodista, experto en temas religiosos y especialista en biografía testimonial, conoció y entrevistó a la Madre Teresa diez años antes de que a ésta se le concediera el Nobel de la Paz (1979). Con éste son dos sus libros sobre la monja de origen albanés y nacionalidad indio-universal, traducidos a una docena de idiomas. Es autor de biografías de Hélder Cámara, Ruiz-Giménez, Juan XXIII, Pablo VI, el Padre Llanos (obra publicada por esta editorial) y actualmente trabaja en un informe sobre el Papado.

El contenido de este libro no podrá ser reproducido, ni total ni parcialmente, sin el previo permiso escrito del editor.
Todos los derechos reservados.

Colección: BOLSITEMAS
© José Luis González Rodríguez, 1992
© EDICIONES TEMAS DE HOY, S. A. (T. H.), 1995
Paseo de la Castellana, 95. 28046 Madrid
Diseño de colección: Rudesindo de la Fuente
Diseño de cubierta: Silvia Antem
Fotografía de cubierta: Europa Press
Primera edición: septiembre de 1995
ISBN: 84-7880-558-3
Depósito legal: M-24.608-1995
Compuesto en Fernández Ciudad, S. L.
Impreso en Printing 10, S. A.
Printed in Spain - Impreso en España

# INDICE

PRESENTACIÓN .............................................. 17
*Apéndice de presentación.*

PRÓLOGO ...................................................... 23

1. MI VOCACIÓN Y MI FAMILIA ................. 25

    *Nací en Albania. Hija predilecta de Skopje. Una familia muy feliz. El deseo de hacerme misionera. Escogí llamarme Teresa. En Loreto yo era muy feliz. Mi pertenencia a Cristo. La llamada de los pobres.*

2. MIS HERMANAS Y YO ............................. 37

    *La nostalgia de Loreto. Profesora de Geografía. Mis primeros alumnos de Moti Jihl. Las primeras doce Hermanas. Mensajeras del amor de Cristo. «¡Déles bien de comer!» La joven que vino de la universidad. Engrasar el motor del cuerpo. Una gota en un océano. El pequeño petirrojo. Cristo en los pobres. La alegría de mis Hermanas. Cuatro cualidades importantes. Un largo aprendizaje. La voluntad de darlo todo. Pertenecemos a Dios. A disposición de Jesús. Jesús es la explicación. La obra es de Dios. Jesús en el pobre. Nuestro cuarto voto. Dos ramas de Hermanas. «¡Ustedes son ángeles!» La jornada de la Misionera de la Caridad.*

3. DÓNDE Y POR QUÉ ABRIMOS NUEVAS CASAS .............................. 75

*Nuestras fuentes de financiación. Dar y darse. Dónde abrimos casas. Pongo condiciones a los obispos. Exámenes de pobreza. Nuestra pobreza es voluntaria. Oración y alegría. Nuestro voto de castidad. Hacer pequeñas cosas. «Llegué ateo: me voy creyente.» Cumplir la palabra dada. No nos metemos en política. Los pobres son de todos. En África y en Estados Unidos. «Hermanas portaequipajes.» «¡Por favor, no se entrometan!» Dios nos «envicia» más... ¿El pez o la caña? Compartir con los pobres. Damos poco, recibimos mucho. Confesiones sin absolución. Jesús en la Eucaristía. «¡Tráiganme a un sacerdote!»*

4. EL TRABAJO DE LOS COLABORADORES .............................. 107

*Hacerlo todo por Él. Mis «dobles». La vid y los sarmientos. «No pidáis dinero a la gente.» Quiénes son los «pobres más pobres». Jacqueline de Decker. Los colaboradores enfermos. Colaboradores de vida contemplativa.*

## *Indice*

5. LA POBREZA ES NUESTRA RIQUEZA .. 119

   *Pobreza de muchos y despilfarro de algunos. Pobreza material y pobreza espiritual. La lección de los pobres. La mayor enfermedad. La Providencia nunca nos ha fallado. La pobreza «peor» de Occidente. «Dios no quiebra en Nueva York.» «Hacen lo que hizo Cristo.» Un hogar para enfermos del SIDA. «¡Ahora sí que creo!» El primer sueldo del alcohólico. Felices de ser pobres.*

6. LOS POBRES SON MARAVILLOSOS ... 137

   *«¡Por fin, el calor de una mano!» Un consejo para los políticos: recen. En una fría noche londinense. Colaboradores que... escuchan. Sin dinero para el entierro. «¡Para qué encender la lámpara!» El beso de Jesús. La madre que sí sabía... Saris de 800 rupias. El niño que renunció al azúcar. El pequeño fugitivo. «Sonríanse unos a otros.» Cristo en los cuerpos rotos.*

7. LA CASA DEL MORIBUNDO .......... 155

   *Junto al templo de la diosa Kālī. Murió sonriendo. «¡Ha sido mi propio hijo...!» No podía creer que fuera arroz. Servimos a Cristo en los pobres. Morir como un ángel. Volver a Dios. Cristo tiene hambre en los pobres.*

8. MIS AMIGOS LOS LEPROSOS ......... 165

   *La medida del amor. «Nuestra gente.» Lo que importa es el amor. La ayuda de los que no son* cristianos. «¡Dígalo otra vez, por favor!» La Ciudad del Leproso. Hijos sanos de padres leprosos.

9. PARA LOS NIÑOS DIOS HACE MILAGROS TODOS LOS DÍAS .............. 175

Un niño es un regalo de Dios. Más de seis mil niños. «¡Por Dios, Madre, no diga eso!» Niños privados de amor. Los niños «intocables». Las jóvenes de Bangladesh.

10. EL PREMIO NOBEL DE LA PAZ Y OTRAS COSAS ..................... 185

¡Odio la publicidad! ¡Ay!, las entrevistas. La gente quiere «ver». Pase para dos personas.

11. MI VIDA Y MI FE ..................... 193

Renunciaría a mi vida, pero no a mi fe. Ignorar a los pobres es ignorar a Cristo. Nuestra manera de servir a Dios. El milagro de nuestra felicidad. El poder de la oración. Dios ama el silencio. Silencio y generosidad. El tallo y las uvas. Una entrevista para la BBC. Fe y amor. Santidad y sufrimiento. El regalo de los novios. Lo que Jesús es para mí.

12. EL MAÑANA ES DE DIOS ............. 211

En nuestras casas, la capilla es lo primero. Los primeros veinticinco años de nuestra congregación. Nuestros muertos están en el Cielo. Generosidad de los niños pobres. El futuro es de Dios. Compartir con alegría. El milagro de cada día.

## ANEXOS

LA MADRE TERESA DESDE CERCA ....... 223

*De la difícil parte de los pobres. La prueba del «ir y ver». De Calcuta a Barquisimeto. A la primera casa le siguieron muchas otras. Una casa en la diócesis del Papa. Una casa cerca de la via Appia. Casas en toda Europa. Al servicio de los más pobres entre los pobres de España. La mujer más famosa del mundo. Primera casa: en Leganés (Madrid). Tres horas diarias de viaje para servir a los más pobres. El comedor para pobres cambió de sitio. La Madre Teresa preguntó: «¿Dónde duermen los mendigos de Madrid?» El alcalde Tierno prometió ayuda. Y cumplió su promesa. Inauguración con la presencia de doña Sofía. Y en Sabadell y Barcelona. La Madre Teresa y el dinero.*

BIBLIOGRAFÍA COMENTADA SOBRE LA
MADRE TERESA DE CALCUTA ........... 251

*Aclaración. Obras sobre la Madre Teresa. Escritos de la Madre Teresa. Libros sobre los Hermanos Misioneros de la Caridad.*

ÍNDICE ONOMÁSTICO .................. 261

*«Todo ha sido obra de Dios. Nada ha sido obra mía.»*

*«Estoy más convencida de que la obra es de Dios,
que de estar viva.»*

Madre Teresa

*A Janet Playfoot.*
*Sin su ayuda, este libro hubiera sido posible, pero con mucha mayor fatiga y peor resultado.*
*Janet ha colaborado también en otros libros míos.*
*En éste, lo ha hecho de manera especial: transcribiendo* cassettes, *ordenando epígrafes, detectando reiteraciones...*

*Asimismo, lo dedico a otras personas, por las que también ella comparte mi admiración y amistad: A María Luisa, Ana, Mercedes, Eugenio, Christopher, Pascual, José Luis, Gonzalo, Nacho, Luis, Paquita, Lucía, Elena, Blanca, Carmen, Pilar, Justa, Enrique, Juanjo, Renato, José María, Binetha, Nalini, Portal, Ana, Serena, Tina María, Erasmina, Alicia...*

*También, en el recuerdo, a mi madre, el corazón que recuerdo como más parecido al de la Madre Teresa de Calcuta.*

# PRESENTACIÓN

Es evidente: la Madre Teresa de Calcuta carece de tiempo para escribir libros.

Hay más: tampoco le gustan, ni lee jamás, los libros que se refieren a ella.

En cambio, aprueba de buen grado los que hablan de los pobres y de sus Hermanas. (¿Se puede acaso hablar, o escribir, de las Misioneras de la Caridad y de los pobres, sin escribir, o hablar, extensamente sobre la Madre Teresa?)

Acepta esos libros porque comprende que pueden ayudar a los pobres, hijos predilectos de Dios.

Adondequiera que vaya y dondequiera que se encuentre, es siempre invitada a dirigir la palabra a personas que anhelan escucharla.

Nunca suele faltar en tales circunstancias un buen número de magnetófonos dispuestos a grabar cada una de las palabras de la religiosa albano-india.

Nosotros mismos hemos tomado parte en bastantes de esas conferencias y entrevistas con la Madre Teresa, y hemos oído sus palabras, emotivas y sencillas.

Mientras escuchábamos y grabábamos tales palabras, nos hemos ido dando cuenta de manera progresiva de que ella narra a menudo episodios presenciados y vividos personalmente.

Pensamos enseguida que tales episodios merecerían recogerse en un libro que, por otra parte, la

Madre Teresa jamás hubiera tenido tiempo de escribir.

De esa suerte, uniendo y entrelazando respuestas y fechas, confidencias y declaraciones suyas pronunciadas en las circunstancias más dispares, nos hemos encontrado con la sorpresa de haber realizado —sin casi habérnoslo propuesto— una especie de autobiografía, no directamente escrita pero sí narrada, de esta mujer excepcional.

Lo hicimos animados por un sincero deseo de compartir su profundo amor por los más pobres, y de ofrecer un testimonio de segura autenticidad a cuantos de una u otra manera están sensibilizados con la obra de la Madre Teresa y de sus hijas e hijos.

La diversidad cronológica y ambiental de esas intervenciones por parte de la Madre Teresa supone algo reseñable dentro del libro: tal es el hecho de que los datos estadísticos que en él se incluyen corresponden más al momento en el que se dieron a conocer por vez primera que al de esta publicación.

Pero a tal respecto también procede una aclaración de singular importancia: que a la Madre Teresa nunca parece interesarle tanto la exactitud de estadísticas y cronologías como la significación ejemplarizante y casi parabólica de los hechos.

En la preparación de este libro hemos contado con la colaboración de muchas personas vinculadas muy estrechamente a la obra de la Madre Teresa.

Nos hubiera gustado citar aquí sus nombres, pero nos retiene de hacerlo el saber que todas ellas prefieren, por motivaciones muy encomiables, la discreción antes que la publicidad.

Empezaremos citando uno, en virtual representación de casi todos: el de la «archivista oficial» de los colaboradores y catedrática de la Universidad de Dublín, Alice Grattan-Esmonde.

Hay otro nombre que queremos mencionar aquí:

el del jesuita y obispo checoslovaco Paul Hnilica. Colaborador asiduo de Radio Vaticano en sus emisiones para la Europa oriental en su vida como exiliado forzoso en Roma, pudo entrevistar a la Madre Teresa en repetidas ocasiones y difundir su testimonio en la otrora llamada Iglesia del Silencio.

Una vez, al principio de los años setenta, recalamos también nosotros en Roma, guiados por el deseo de recoger datos para una biografía sobre la fundadora de las Misioneras de la Caridad. Pensando que nadie nos podría proveer mejor que las propias Hermanas, acudimos a visitarlas en la única casa que por entonces tenían, no sólo en Roma sino en toda Italia, y que era además, junto con la del barrio londinense de Southall, la única con la que por entonces contaban también en Europa. Aquella casa estaba en Tor Fiscale, más allá de la via Appia, en una zona de chabolas, hasta donde el taxista no quiso llegar, por apego a su coche y a su propia integridad física.

Encontramos a las Hermanas tan ocupadas como poco dispuestas a hablar, aunque nos percatamos enseguida de que aquella voluntad de silencio tenía motivaciones de virtud y no de rechazo. Tan fue así que nos aconsejaron dirigirnos a monseñor Hnilica como «una de las personas mejor enteradas sobre la Madre (Teresa)».

Así lo hicimos. Lo llamamos a la curia general de los Jesuitas, en la via dei Penitenzieri, y nos citó en su apartamento de la otra parte del Vaticano, en el *quartiere* Prati, donde tenía montado un despacho con el rótulo de «Iglesia del Silencio».

Allí, tras una larga conversación en que nos refirió con detalle la persecución y las vejaciones a las que había sido sometido en su patria antes de obtener la «libertad del exilio» gracias al deshielo producido por la llegada al pontificado romano y a las gestiones de Juan XXIII, y tras referirnos sus encuentros y amistad con la Madre Teresa, puso a nuestra total disposición su carpeta de entrevistas con ella, estimulándonos a promover el conocimiento de «un testimonio tan ejemplar para el mundo de hoy».

Algunos retazos de aquellas entrevistas o, mejor, algunas de las respuestas de la Madre Teresa, constituyeron el primer entramado de esta reconstrucción.

Lo decimos como expresión de gratitud y recuerdo al obispo checoslovaco Paul Hnilica.

Hay alguien más a quien queremos expresar una gratitud muy particular: el Hermano Andrew, colaborador privilegiado de la obra de la Madre Teresa, y cofundador, con ella, de los Hermanos Misioneros de la Caridad, una congregación por la que sentimos la más cordial simpatía y estima.

Un día tuvimos el atrevimiento de pedirle que nos hiciese un prólogo para esta obra. Pudo haberse negado por razones de trabajo que, en su caso, sabemos que son muy reales. En cambio, aceptó: nos atrevemos a pensar que lo hizo por razones, también, de amistad.

Le expresamos nuestra gratitud por ello, y porque estamos convencidos de que no cabía prólogo más autorizado para este trabajo que el de una persona con las virtudes del Hermano Andrew.

## Apéndice de presentación

Todo lo anterior se refiere a la parte aproximadamente autobiográfica de este libro.

A esa parte le hemos añadido un anexo en dos capítulos que, como tal, tiene un valor muy secundario respecto de todo lo anterior.

Su objetivo es el de obtener, aquí y ahora, una proyección del intenso y extenso contenido de la vida y de la obra de la Madre Teresa de Calcuta.

Se ha escrito con todo el cariño que el tema Madre

Teresa despierta en nosotros desde hace más de dos décadas: desde que por primera vez entramos en contacto con ella y con su obra.

Y se ha hecho también con el deseo y la convicción de que, quienes ya estiman a la protagonista tanto como nosotros o más, encuentren un nuevo aporte de información y de razones para ratificarse aún más en sus sentimientos.

# PRÓLOGO

Cuando los compiladores de este libro me pidieron que escribiera unas palabras a modo de prólogo, cedí un poco a la tentación de dar largas a su realización, a pesar de mi disponibilidad para corresponder a la amistosa solicitud.

Aparentemente, no debería resultarme difícil escribir sobre una persona que, cual es el caso de la Madre Teresa, presenta una historia tan sugestiva dentro del marco de una existencia increíblemente rica y llena.

Por si ello fuera poco, yo he tenido el privilegio de estar muy cerca de ella en la compartición de una de sus grandes iniciativas: el crecimiento y expansión de los Hermanos Misioneros de la Caridad, congregación fundada por ella.

La Madre Teresa y yo nos conocemos y comprendemos muy bien el uno al otro. Sin embargo, lo confieso, me resulta difícil escribir sobre ella.

Se ha escrito ya mucho sobre la Madre Teresa. Hemos llegado a un punto en que ya las mismas cosas son dichas y repetidas monótonamente por unos y por otros.

De otra parte —y hablo a partir de mi propia pequeña experiencia de vida—, estoy convencido de que las más hermosas historias, especialmente las referidas a personas que tratan de servir a Dios y a sus hijos, no se escriben ni se pueden escribir.

Desde este punto de vista y desde esta convicción personal, me considero en condiciones de apreciar lo que han llevado a cabo José Luis González-Balado y Janet N. Playfoot.

A lo largo de las páginas de este libro, ellos han dejado que la Madre Teresa nos cuente su historia con sus propias palabras.

Con ello nos han ofrecido lo más cercano que quizá hayamos de tener jamás a una autobiografía de la Madre Teresa de Calcuta.

Se trata de un libro lleno de autenticidad, acaso no completo, pero ningún libro sobre ella podría serlo.

Una parte sustancial de su autenticidad está en el espíritu de la Madre Teresa, que nos llega a través de sus palabras, unas palabras que los compiladores han sabido entretejer con cariño y maestría.

El resultado es la narración de la vicisitud humana y espiritual de la Madre Teresa, que se brinda aquí al lector bajo forma de libro.

HERMANO ANDREW, M.C.
Cofundador, con la Madre Teresa de Calcuta,
de los Hermanos Misioneros de la Caridad

## Capítulo 1

# MI VOCACIÓN
# Y MI FAMILIA

**Nací en Albania**

Por sangre y origen, soy albanesa.
Tengo la nacionalidad india [1].
Soy una religiosa católica.
Por mi vocación, pertenezco al mundo entero, pero mi corazón pertenece por entero al corazón de Jesús.
Nací en Skopje, Albania, en 1910.
Mi padre tenía un pequeño almacén de materiales de construcción.
Éramos dos hermanas y un hermano.
Los dos han muerto ya.
Éramos una familia muy feliz y muy unida.
Yo no soy más que un pequeño lápiz en manos de Dios.
Él es quien escribe.
Él es quien piensa.
Él es quien decide.
Lo repito: yo no soy más que un pequeño lápiz.

---

[1] Solicitó y obtuvo la nacionalidad india en 1949, tras veinte años de permanencia en el país. Tiene, además, pasaporte diplomático del Estado Vaticano. Le fue concedido por Pablo VI a finales de los años sesenta, al encomendarle una delicada mediación humanitaria ante las autoridades de Pakistán.

Era todavía muy joven —no tenía más que doce años— cuando, desde el seno de mi familia, experimenté por primera vez el deseo de pertenecer por completo a Dios.

Reflexioné sobre ello en la oración durante seis años.

A veces tenía la impresión de que mi vocación no existía.

Pero llegaría el momento en que me convencería de que Dios me llamaba.

Fue Nuestra Señora de Letnice quien intercedió por mí y me ayudó a descubrir mi vocación.

En momentos de incertidumbre sobre mi vocación, hubo un consejo de mi madre que me resultó muy útil.

Ella me decía a menudo:

«Cuando aceptes una tarea, llévala a término con gozo. Si no, no la aceptes.»

Una vez pedí consejo a mi director espiritual sobre mi vocación. Le pregunté:

—¿Cómo puedo saber que Dios me llama y para qué me llama?

Él me contestó:

—Lo sabrás por tu felicidad interior. Si te sientes feliz por la idea de que Dios te llama para que le sirvas a Él y a tu prójimo, ello será la prueba de tu vocación. La profunda alegría del corazón es como una especie de brújula que indica la senda a tomar en la vida. Uno tiene que seguirla, incluso cuando esa brújula lo conduce por un camino sembrado de dificultades.

## Hija predilecta de Skopje

Fue a los pies de Nuestra Señora de Letnice, en Skopje, donde escuché por vez primera la llamada divina, que me convenció para servir a Dios, entregándome por entero a su servicio.

Fue una tarde, en el día de la fiesta de la Asunción: lo recuerdo bien.

Estaba yo rezando con una vela encendida en mis manos: rezaba y cantaba con el corazón rebosante de alegría interior.

Allí, aquel día, decidí consagrarme por entero a Dios por medio de la vida religiosa.

La escena, a los pies de la Virgen en su santuario de Letnice, permanece imborrable en mi corazón.

Fue entonces cuando escuché la voz de Dios que me llamaba para ser toda suya, consagrándome a Él y al servicio de mi prójimo.

Ya desde algún tiempo atrás había arrastrado una especie de deseo oculto en mi corazón.

Sí, recuerdo el santuario y algunos de los himnos que cantábamos a Nuestra Señora, especialmente el que empezaba con estas palabras: *Në Cëernagore ken nji Nanë* («En el Monte Negro tenemos una Madre»).

Hace unos años tuve ocasión de regresar de nuevo a Skopje y al santuario de Nuestra Señora de Letnice.

Me sentí muy feliz de poderme arrodillar de nuevo a los pies de Nuestra Señora de Letnice y rezarle.

El manto de la Virgen había cambiado, pero sus ojos y su mirada seguían siendo los mismos después de tantos años.

Con mi oración quise dar gracias a Dios por todos los años transcurridos desde que, por última vez, dejé Skopje.

Han sido, en verdad, años provechosos.

Por supuesto que si tuviera que empezar de nuevo, otra vez volvería a dejar Skopje para seguir el mismo camino.

Con ocasión de mi regreso, encontré Skopje muy cambiado [2].

---

[2] Cuando ella nació, Skopje tenía unos 20.000 habitantes; hoy tiene alrededor de 400.000. Entonces pertenecía a Albania. Hoy

Pero era mi Skopje: el pueblo donde transcurrió mi infancia y donde fui muy feliz.

Las autoridades locales tuvieron la amabilidad de declararme hija predilecta de la ciudad.

En Skopje hemos abierto una casa. El hecho me ha llenado de felicidad.

Fundar una casa en la pequeña ciudad donde nací representó para mí la expresión de mi gratitud y de la de mis Hermanas a Dios y al lugar de mi nacimiento.

Con tal motivo dirigí la palabra a mis paisanos de Skopje:

—Las Hermanas son el regalo que hago a mi pueblo. Confío en que Skopje seguirá dando vocaciones a la Iglesia, para que podamos ofrecer más Hermanas. Llevo siempre en mi corazón a las gentes de Skopje y de Albania. Pido a Dios que su paz descienda sobre los corazones de sus habitantes y de los de todo el mundo, lo mismo que sobre todas las familias albanesas y sobre las del mundo entero.

## Una familia muy feliz

Éramos una familia muy feliz.

Estábamos muy unidos, especialmente después de la muerte de mi padre [3].

---

día, tras haber caído sucesivamente en poder de turcos y búlgaros, pertenece a Yugoslavia, como capital de la República Federal de Macedonia. En 1963 sufrió un terremoto que ocasionó 1.070 muertos y dejó sin hogar a unas 140.000 personas.

El primer regreso de la Madre Teresa a su ciudad natal, para fundar una casa de la congregación llevando «cuatro Hermanas por una», se produjo el 8 de junio de 1980, tras cincuenta y dos años de ausencia.

[3] Nikollë Bojaxhiu murió casi de improviso en 1919. A cargo de su viuda, Drana Bernai, quedaban la hija mayor, Aga (Águeda), de catorce años; un hijo varón, Lazar, de nueve; y Gonxha, la más pequeña, de siete. La situación económica de la familia, hasta aquel momento relativamente desahogada, se hizo

Viviamos los unos para los otros, y cada uno tenía como principal preocupación la de hacer felices a los demás miembros de la familia.

A quien sobre todo no olvido es a mi madre [4].

Estaba siempre, todo el día, muy ocupada.

No obstante, cuando atardecía aceleraba el ritmo de su actividad con el fin de estar preparada para acoger a nuestro padre.

Por entonces, no lográbamos comprenderlo.

Sonreíamos y nos reíamos un poco, incluso, tomándole a veces el pelo.

Ahora me doy cuenta de cuán grande y delicada era la ternura que ella le profesaba.

No importaba lo que tuviese que hacer: estaba siempre preparada para acogerlo con todo cariño.

Sí, mi madre era una santa mujer.

Trataba de educar a sus hijos en el amor de Dios y del prójimo.

Ponía todo su esfuerzo en que creciésemos unidos y en que amásemos a Jesús.

Era ella misma la que nos preparaba para la Primera Comunión.

Fue nuestra propia madre quien nos enseñó a amar a Dios por encima de todas las cosas.

---

más precaria. Pero Drana se armó de coraje y logró sacar adelante la pequeña familia, sin descuidar en ciertas circunstancias una caridad generosa hacia los angustiosos problemas del entorno.

[4] Drana Bernai, fallecida el 12 de julio de 1972 en Tirana, Albania, acarició durante casi cincuenta años, pero sobre todo en los últimos de su vida, el deseo de ver de nuevo a sus hijos Gonxha, Madre Teresa, y Lazar (este último había emigrado a Italia en 1924). La dura realidad, representada por la cerrazón política de las autoridades albanesas, le impidió realizar el acariciado deseo a ella y a su hija Aga, que permaneció siempre al lado de su madre.

## El deseo de hacerme misionera

No tenía yo más de doce años.

Vivía con mi familia en Skopje y fue entonces cuando experimenté por primera vez el deseo de hacerme misionera.

Frecuentaba una escuela no católica, pero en Skopje había buenos sacerdotes que preparaban a chicos y chicas a seguir su vocación de acuerdo con la llamada de Dios.

En aquella época me di cuenta de mi llamada hacia los pobres.

Sólo que, entre los doce y los dieciocho años, fue un poco como si me hubiera olvidado de aquel deseo de hacerme monja.

Pero sí, lo repito: éramos una familia muy feliz.

Estaba yo todavía en mi pueblo natal cuando algunos jesuitas de Skopje fueron enviados como misioneros a la India.

Aquellos misioneros solían mandar de vez en cuando una relación de lo que llevaban a cabo en favor de las gentes de aquel país. Sus descripciones acerca del trabajo realizado entre los indios, y de manera especial entre los niños, eran muy vibrantes.

Cuando expuse a uno de ellos mi deseo de hacerme misionera, él se brindó a ponerse en contacto con las Hermanas de Nuestra Señora de Loreto [5], que estaban trabajando mucho en la India por aquel entonces.

---

[5] «Hermanas de Nuestra Señora de Loreto» es la denominación oficial de la rama irlandesa de una congregación femenina fundada en 1609 por la inglesa Mary Ward (su nombre popular es el de «Damas Irlandesas»). Se trató de una congregación tan revolucionaria, para la época, incomprendida y hasta perseguida, como la Compañía de Jesús, cuya regla de vida, espiritualidad y misión quiso la fundadora que siguiesen sus religiosas. De ahí que algunos les atribuyan el apellido de «jesuitinas». Mary Ward hubiera deseado, de hecho, que la congregación por ella fundada se denominase, también, Compañía de Jesús.

Por medio de aquellos jesuitas, oriundos de mi mismo pueblo, logré entrar en contacto con las Hermanas de esa congregación y pude ingresar en su casa de Rathfarnham, cerca de Dublín.

A los dieciocho años fue cuando decidí definitivamente dejar a mi familia y hacerme misionera.

A partir de entonces, ya no volvió a asaltarme la menor duda respecto de semejante decisión.

Era la voluntad de Dios.

Era Él quien me había elegido.

## Escogí llamarme Teresa

Seguir mi vocación representó un sacrificio tanto para mí como para mi familia, que estaba muy unida: fue el sacrificio que a todos nos pidió Cristo.

Tengo que decir una vez más que para cuando dejé mi familia tenía ya dieciocho años de edad [6].

Han transcurrido muchos años, pero todavía recuerdo mi primera impresión el día en que, por primera vez en mi vida, hice mi ingreso en la casa madre de las Hermanas de Nuestra Señora de Loreto en Rathfarnham.

Hace unos meses tuve la oportunidad de volver a ver los lugares donde me encontré como postulante:

---

[6] Gonxha Bojaxhiu dejó Skopje el 26 de septiembre de 1928. Hasta Zagreb, en tren, la acompañaron su madre, Drana, y su hermana, Aga. Acudieron a la estación casi todos sus compañeros de colegio y de coro parroquial (tanto Gonxha como Aga, dotadas ambas de muy buena voz, formaban parte de él). En conjunto, había alrededor de un centenar de personas. Desde Zagreb prosiguió en tren, atravesando Austria, Suiza y Francia. Pasó el Canal de la Mancha y, desde Londres, en tren y en barco, llegó a Dublín y Rathfarnham, sede generalicia de la rama irlandesa de las Hermanas de Nuestra Señora de Loreto. Con ella viajó otra joven yugoslava, Betika Kajnc, candidata también a religiosa misionera y cuya vida se desarrolló, por algún tiempo, en paralelo a la de Gonxha Bojaxhiu.

conservaba aún fresco —y lo sigo conservando— el recuerdo de la sala de la comunidad, de la capilla; de todo.

Tras poco más de dos meses, dejé Rathfarnham [7].

Había hecho mi ingreso en octubre de 1928 y en enero de 1929 llegué a la India, para hacer el noviciado.

Éste se desarrolló en Darjeeling, y al final emití los votos religiosos como Hermana de Nuestra Señora de Loreto.

Me siento india, y al mismo tiempo universal, hasta lo más profundo de mi alma.

Hablo bien el bengalí, y un poco peor el hindi.

No tendría nada más que decir sobre mí misma.

En la profesión, de acuerdo con las Constituciones de Loreto, cambié de nombre.

Escogí llamarme Teresa. Pero no fue el nombre de la gran Teresa de Ávila; yo escogí el nombre de Teresa la pequeña: Teresa de Lisieux.

## En Loreto yo era muy feliz

A lo largo de veinte años estuve ocupada en la enseñanza, en el Colegio de Santa María, destinado en su mayoría a niños de la clase media, aunque los había también de clases más elevadas.

Se trataba del único colegio católico para chicas que por entonces había en Calcuta.

No sabría decir si era una buena o mala profesora; eso creo que lo sabrían decir mejor mis alumnas.

---

[7] La permanencia durante dos meses en Rathfarnham le sirvió sobre todo para dos cosas: zambullirse en el estudio del inglés y tomar contacto con la vida de la congregación a la que quería pertenecer. El viaje en barco, desde Irlanda hasta la India, con escalas en Port-Said (Egipto) y Colombo (Sri-Lanka), duró todo el mes de diciembre.

Lo que sí puedo asegurar es que me gustaba mucho la enseñanza.

Mientras pertenecí a la congregación de las Hermanas de Nuestra Señora de Loreto, mi misión fue la de enseñar: algo que, hecho por Dios, constituye un maravilloso apostolado.

Una de las cosas que entonces trataba de hacer era animar a mis alumnas mayores a que fuesen a los suburbios para ofrecer asistencia y ayuda a los pobres abandonados.

Por lo que se refiere a mí personalmente, no me consagré a mi vocación de entrega total a la misma causa hasta el día en que un episodio impresionante me empujó a hacerlo de manera definitiva.

Ocurrió después de la segunda guerra mundial.

Un día me hallaba fuera del convento, en las proximidades del Campbell Hospital, cuando mis ojos descubrieron el espectáculo de una pobre mujer agonizando de hambre al lado de aquel centro de salud.

Me acerqué a ella, la tomé en mis brazos y traté de hacer que la aceptasen en aquel hospital, pero no me hicieron caso, por tratarse de una mujer pobre.

Tuvo que cerrar los ojos a la vida en plena calle.

La lectura del Evangelio me había impresionado de manera particular en el punto donde Cristo asegura que lo que hacemos por los más pequeños, por los que tienen hambre, por los enfermos y abandonados, lo considera hecho a Él mismo.

De esa manera, tuve la impresión de descubrir mi verdadero camino y acepté lo que se me presentaba como un maravilloso regalo del cielo.

Aquello fue algo así como una llamada dentro de otra llamada, algo parecido a una segunda vocación.

Fue un mandato interior a renunciar a Loreto, donde yo era por cierto muy feliz, para ponerme al servicio de los pobres de las calles.

En 1946, mientras me dirigía en tren a Darjeeling para hacer ejercicios espirituales, experimenté de nuevo una llamada a abandonarlo todo para ir en seguimiento de Cristo a los arrabales y servirlo en los pobres más pobres.

Comprendí que era aquello lo que Cristo deseaba de mí.

## Mi pertenencia a Cristo

En 1948, tras veinte años de permanencia en la India, opté por estrechar el contacto con los pobres más pobres [8].

Se trató para mí de una llamada especial para renunciar a todo y para pertenecer por completo a Jesús.

Había ocurrido un día, mientras me estaba dirigiendo a Darjeeling para hacer ejercicios espirituales.

Experimenté una llamada en el interior de mi vocación, sentí que Dios quería de mí algo más.

Su mensaje para mí estaba claro: tenía que dejar el convento y trabajar con los pobres, viviendo en medio de ellos.

Sabía adónde se me llamaba: ignoraba cómo llegar hasta allí.

Dios quería que yo fuese pobre con los pobres y que lo amase bajo las apariencias dolorosas de los pobres más pobres.

---

[8] Esta opción por el contacto más estrecho con los pobres se refiere al momento cronológico (16 de agosto de 1948) en que pudo poner en práctica, de manera definitiva, una decisión que ya se había venido madurando en ella desde atrás. De hecho, aquella opción estuvo precedida, en lo jurídico-canónico, por casi dos años de gestiones de permisos y solicitudes de consejo ante sus superioras religiosas, ante el arzobispo de Calcuta, monseñor Fernando Perier, y ante la Santa Sede. Ni que decir tiene que aquella decisión y la larga espera estuvieron también precedidas por un intenso período de reflexión espiritual y de oración.

Pude contar con la bendición de la obediencia.

Una vez que expuse mi caso a las superioras de la congregación y al arzobispo de Calcuta, se dieron cuenta de que se trataba de la voluntad de Dios, de que Dios lo quería.

Escribí a mi superiora general diciendo que Dios me llamaba a Él por medio del servicio a los pobres más pobres de los suburbios.

Obtuve así una bendición: la bendición de la obediencia.

Con ella, no queda lugar para las dudas ni para la equivocación.

Puede a veces quedar la impresión de un fracaso, pero si es un fracaso lo es sólo a los ojos de la gente, no a los ojos de Dios.

No tuve que renunciar a nada en particular.

Mi vocación era pertenecer a Cristo, y mi pertenencia a Él no había cambiado.

La única cosa que estaba cambiando eran los medios externos, con la finalidad exclusiva de servir a los pobres más pobres.

El trabajo no es más que un medio para poner en acción nuestro amor a Cristo.

Para decirlo de alguna manera: la única cosa que tuve que cambiar fue la modalidad de trabajo. Cambiaron, como tenían que cambiar, las formas y los medios, de manera que me resultase posible trabajar en favor de los pobres más pobres.

La vocación misma, es decir, mi pertenencia a Cristo, no tuvo que alterarse.

Más bien se profundizó.

Mi amor por Cristo se había hecho más profundo a través de aquel gran sacrificio.

Es por ello por lo que hablo de una «llamada dentro de la llamada».

Mi vocación no fue más que una prolongación de mi pertenencia a Cristo y de mi no ser sino suya.

## La llamada de los pobres

Al mismo tiempo, algunas de las jóvenes a las que yo había dado clase y que visitaban a los pobres de los suburbios y a los enfermos de los hospitales, manifestaron el deseo de hacerse religiosas para poder entregarse por entero al apostolado entre los más pobres.

Lo repito de nuevo: fue en septiembre de 1946, a bordo del tren que me llevaba a Darjeeling, adonde me dirigía para hacer ejercicios espirituales, cuando escuché la llamada de Dios.

Mientras oraba en intimidad y silencio a Nuestro Señor, oí muy claramente la llamada dentro de la llamada.

El mensaje estaba muy claro: tenía que dejar el convento de Loreto y entregarme al servicio de los pobres, viviendo en medio de ellos.

Era un mandato.

Tuve una percepción muy clara sobre el origen de la llamada misma. Lo que no veía con igual nitidez era cómo secundarla.

En otras palabras: sabía adónde ir, pero ignoraba cómo llegar allí.

Sentí intensamente que Jesús quería que le sirviese en los pobres más pobres, en los abandonados, en los habitantes de los suburbios, en los marginados, en los que carecían de hogar.

Jesús me invitaba a servirle y a seguirle con una pobreza real, emprendiendo un género de vida que me hiciese semejante a los necesitados en quienes Él está presente, en quienes Él sufre y a quienes ama.

## Capítulo 2
# MIS HERMANAS Y YO

**La nostalgia de Loreto**

Dejé la congregación de las Hermanas de Nuestra Señora de Loreto en 1948.

El día que abandoné Loreto, se me acercó un sacerdote en mi primer recorrido por las calles de Calcuta. Me pidió un donativo para una cuestación en favor de la prensa católica.

Yo había abandonado Loreto con cinco rupias, de las cuales había dado ya cuatro a los pobres.

Lo dudé un poco, pero luego di a aquel sacerdote la única rupia que me quedaba.

Aquella misma tarde, el sacerdote me vino a ver y traía un sobre.

Me confesó que un hombre le había hecho entrega de él por haber oído hablar de mis proyectos, que quería secundar. En el sobre había 50 rupias.

En aquel momento experimenté la sensación de que Dios había empezado a bendecir la obra y de que ya no me abandonaría jamás.

Por parte de las Hermanas de Nuestra Señora de Loreto no encontré la menor dificultad cuando abandoné la congregación.

En todas ellas encontré, más bien, comprensión y ayuda [1].

Sin embargo, dejar Loreto constituyó para mí el mayor de los sacrificios.

Fue lo más costoso que jamás me haya tocado hacer.

Fue algo mucho más difícil que abandonar mi familia y mi país para entrar en el convento por primera vez.

Loreto lo significaba todo para mí. Allí había recibido mi aprendizaje espiritual y me había hecho religiosa.

En aquella congregación me había consagrado por entero a Jesús. Y me gustaba mucho el trabajo que en ella realizaba: enseñar a las niñas.

## Profesora de Geografía

Lo reitero: dejar Loreto supuso para mí una dificultad mucho mayor que abandonar mi familia cuando entré en el convento.

---

[1] Sobre el clima de buena armonía en el que Sor Teresa abandonó Loreto quedan varios testimonios. Hay un eco de ellos en la expresión, oral o escrita, que se atribuye a la superiora general como dirigida a la Hermana que se disponía a emprender una nueva vida:

—Si algún día, por cualquier razón, decidiese volver sobre sus pasos, sepa que Loreto jamás le cerrará las puertas.

Por lo demás, subsisten relaciones de cordialidad entre la Madre Teresa y sus antiguas compañeras de Loreto, lo mismo que entre las Misioneras de la Caridad y las seguidoras de Mary Ward. Con cierta lógica, pero sin jactancia, la «rama irlandesa» de la congregación de Nuestra Señora de Loreto considera como prolongado virtualmente, a través de las Misioneras de la Caridad, un poco del carisma de Mary Ward. Y la Madre Teresa reconoce que las raíces de su formación espiritual se remontan a su permanencia con las Hermanas de Nuestra Señora de Loreto, siendo una más entre ellas.

Por supuesto, yo no salí de Loreto a la busca de mayor libertad...

Apenas abandonada la congregación, me encontré en la calle, carente por completo de cobijo, de compañía, de ayuda, de dinero, de un empleo, de promesas, de garantía alguna de seguridad material.

De mis labios brotó entonces esta oración:

«¡Tú, Dios mío! ¡Sólo Tú! Tengo fe en tu llamada y en tu inspiración. Estoy segura de que no me abandonarás jamás.»

Necesitaba un techo para cobijar a los abandonados.

Por eso, me puse a buscar.

Caminé y caminé sin parar, hasta que me encontré desfallecida.

Entonces comprendí mejor el agotamiento de los pobres, siempre en busca de un poco de alimento, de remedio. De algo. ¡De todo!

Me asaltó el recuerdo de la seguridad material de que había disfrutado en Loreto. Fue como una tentación. Y recé: «Dios mío: por libre decisión y con el único apoyo de tu amor, deseo permanecer aquí y cumplir tu voluntad. No, no quiero dar marcha atrás. Mi comunidad son los pobres. Su seguridad es la mía. Su salud es mi salud. Mi hogar es el hogar de los pobres. Pero no de los pobres a secas, sino de los más pobres entre los pobres. De aquellos a quienes uno procura no acercarse por temor de contagio, de ensuciarse, o porque están cubiertos de microbios y de enfermedades. De aquellos que no acuden a rezar a las iglesias porque no tienen vestidos para ponerse encima. De aquellos que no comen porque ya han perdido las fuerzas. De aquellos que se derrumban por las calles sabiendo que van a morir, mientras los vivos transitan a su lado ignorándolos. De aquellos que ya no son capaces de llorar, porque se les han agotado las lágrimas.»

Tenía la seguridad de que Dios me quería allí donde estaba.

Tenía la seguridad de que Él me ofrecería una solución.

Lo repito: en Loreto me sentía muy feliz.

Había hecho los primeros votos en 1931 y los votos perpetuos en 1937.

Estuve dedicada a la enseñanza —me encontraba al frente de una clase— y es precisamente la enseñanza lo que más me gusta.

Fui profesora en Loreto de la mayor parte de las jóvenes que están ahora conmigo.

Enseñaba Geografía.

¡Cuán lejos estaba de sospechar por entonces que algún día tendría que recorrer, en mis viajes por el mundo, muchos de los lugares sobre los que había dado clase!


## Mis primeros alumnos de Moti Jihl

La primera cosa que hice, tras abandonar Loreto, fue ir donde las Hermanas Misioneras Médicas de la Sagrada Familia.

Tenía que hacer un poco de práctica sanitaria, para poder entrar en las casas de los pobres.

Hasta aquel día me había dedicado exclusivamente a dar clases, y me daba cuenta de que no podía empezar mi nueva misión con la enseñanza.

Como primera medida, tenía que estar capacitada para entrar en las casas de los pobres y curar a los niños enfermos.

Nuestra primera escuela estuvo en el parque de Moti Jihl, al cobijo de un ciruelo.

El primer día acudieron sólo unos pocos niños. Es posible que no fueran más de cinco.

Ocurrió el 21 de diciembre de 1948: lo recuerdo muy bien.

Yo estaba sentada en un tronco, bajo el árbol, y los niños en el suelo, a mi alrededor.

Si tenía que escribir algo, lo marcaba con una astilla en el suelo, en un rectángulo sin césped, en torno al cual estaban sentados mis alumnos.

Pronto el número de alumnos se multiplicó.

Más tarde logramos adquirir unos bancos. Así pudimos arreglárnoslas bien hasta que llegó la época del monzón.

Meses después, gracias a un generoso donativo, alquilamos una habitación, que convertimos en aula.

Así, la escuela quedaba al reparo del monzón.

A pesar de que eran niños ya mayorcitos, empecé por enseñarles el alfabeto: no habían frecuentado escuela alguna, porque en ninguna los aceptaban.

Entre otras cosas, les impartí clases prácticas de higiene: les tuve que enseñar a lavarse.

No tardé en poder contar con la ayuda de antiguas alumnas mías, y de algunas señoras de Calcuta, que eran o habían sido profesoras en el mismo colegio donde lo había sido yo.

## Las primeras doce Hermanas

En marzo de 1949, justamente el día de San José, alguien llamó a mi puerta.

Sin sospecharlo, vi delante de mí la frágil figura de una de mis alumnas [2].

Me dijo:

---

[2] Aquella antigua alumna de Sor Teresa, que se convirtió en la primera de sus imitadoras, se llamaba Subashini Das. Era una frágil joven, que sigue siendo una Misionera de la Caridad. Se llama Sor Agnes (Inés), puesto que, al hacerse religiosa, adoptó el nombre de pila de su antigua profesora.

—Madre, he venido a quedarme con usted.

—Será una vida dura. ¿Estás preparada para afrontarla? —le pregunté.

Me contestó que sí y se adelantó.

Di gracias al Señor:

«¡Oh Jesús, qué bueno eres! Eres Tú quien me las envías. ¡Gracias, Señor, por tu bondad!»

A partir de 1949, vi llegar a jóvenes muchachas, una tras otra.

Querían entregarlo todo a Dios, y querían hacerlo enseguida.

Se despojaban de sus costosos saris con alegría, para trocarlos por nuestro humilde vestido.

Venían con conciencia plena de las dificultades que las esperaban.

Cuando una joven que pertenece a una casta tan antigua acude a ponerse al servicio de los marginados, la palabra para definir su gesto es revolución. La mayor y más difícil de todas: la revolución del amor.

Las primeras Hermanas que se adhirieron a la congregación fueron algunas jóvenes que habían sido alumnas mías en el colegio de Santa María de Loreto [3].

## Mensajeras del amor de Cristo

Desde entonces no han dejado de acudir jóvenes de todas las partes del mundo. Tenemos centenares de maravillosas vocaciones.

Las jóvenes, cuando solicitan ser admitidas, escriben algo muy hermoso:

---

[3] Tanto la Hermana Agnes como otras compañeras de la primera hora —Dorothy, Gertrude, Mary, Margaret, Frederick...— se convertirían en firmes columnas de la naciente congregación.

«Deseo emprender una vida de pobreza, oración y sacrificio, que me conduzca al servicio de los pobres.»

En 1950, el Santo Padre Pío XII aprobó la congregación de las Misioneras de la Caridad [4].

Nuestra autorización llegó de Roma el 7 de octubre de 1950.

Tengo que decir que no fui yo quien escogió la denominación de «Misioneras de la Caridad».

Estaba implícita en la llamada misma.

Eso es lo que se supone que somos: mensajeras del amor de Dios, como llaman a las Hermanas, por ejemplo, en un país musulmán como el Yemen (somos el único grupo cristiano que hay en aquel país).

Las gentes nos llaman «mensajeras del amor de Dios» porque nos ven realizar nuestro humilde trabajo con mucha alegría, con una sincera felicidad interior.

### «¡Déles bien de comer!»

Había tomado la decisión de que nuestra alimentación tenía que ser como la de los más pobres de Calcuta: arroz con sal.

Pero las Hermanas Misioneras Médicas de Patna me convencieron de que debía alimentar bien a las Hermanas.

Y acepté su parecer. La Madre Dengel me dijo con gran decisión:

—Si permite que sus Hermanas se limiten a comer arroz con sal, cometerá un crimen. En breve tiempo,

---

[4] La aprobación de la Santa Sede es lo que da derecho de legitimidad eclesiástica a cualquier grupo de hombres o mujeres que se ponen a vivir en común con ánimo de establecer una congregación religiosa. La Iglesia no autoriza con facilidad nuevos experimentos de este tipo, salvo que tenga constancia de una serie de requisitos y garantías espirituales.

esas jóvenes religiosas contraerán la tuberculosis y morirán. ¿Cómo pretende que las Hermanas puedan desarrollar su trabajo sin un adecuado sustento corporal? Los pobres trabajan poco, se ponen enfermos y mueren jóvenes. ¿Quiere usted que sus Hermanas corran la misma suerte? ¿No querrá más bien que sean robustas y que puedan trabajar por Cristo? No, Madre. Hágame caso: procure que sus Hermanas se alimenten bien para que puedan trabajar en favor de los pobres.

Recordando el sabio consejo de la Madre Dengel, suelo hacer a las Hermanas el siguiente comentario:

—El trabajo que debemos realizar requiere un cuerpo sano. Por consiguiente, cada una de nosotras tiene el deber de conciencia de cuidar su salud. La cantidad de alimentos, que se nos ordena con toda prudencia, ha de tomarse con fidelidad. Esto no lo hacemos para dar satisfacción a nuestros sentidos, sino para mostrar a nuestro Señor que queremos trabajar por Él y con Él, para vivir una vida de sacrificio y de reparación.

En general, son muy pocas las que nos abandonan.

Las que se van, no lo hacen en absoluto por el hecho de que nuestra vida sea ardua.

La mayor parte entre las que deciden quedarse en sus casas, suelen hacerlo por razones estrictamente familiares.

Fuera de eso, tenemos que decir que Dios ha sido muy bueno con nuestro instituto.

El porcentaje de perseverancia entre las Misioneras de la Caridad, tras la emisión de los primeros votos, alcanza aproximadamente un 97 %. Son, de verdad, muy pocas las que se van.

## La joven que vino de la universidad

La nuestra es una misión de amor.

Nuestra razón de ser consiste en llevar a Cristo a los hogares y en llevar a los hombres a Cristo.

Al ser Misioneras de la Caridad, nosotras somos enviadas para llevar el amor de Dios, para constituir una prueba del amor de Dios: de que Dios ama al mundo y de que Dios ama a los pobres.

Dios se sirve de nosotras para demostrar su amor a las personas.

Nosotras, en cambio, demostramos nuestro amor a Dios convirtiendo en actos concretos el amor que le profesamos, mediante nuestro servicio a los pobres más pobres.

Es como una especie de intercambio: Dios se sirve de nosotras para demostrar su amor a los pobres mediante nuestra entrega y consagración a Él. Nosotras, a nuestra vez, nos servimos del amor de Dios para demostrar a las personas nuestro amor concreto por Él a través de nuestro servicio a los pobres más pobres, ya se trate de leprosos o moribundos, de paralíticos, de no amados y de preteridos: quienesquiera que sean, para nosotras son Cristo bajo las doloridas apariencias de los pobres más pobres.

Recuerdo el caso de una de nuestras Hermanas.

Acababa de llegar de la universidad y procedía de una familia muy acomodada.

De acuerdo con nuestras Constituciones, al día siguiente de su ingreso en la congregación fue con otras compañeras a trabajar en la Casa del Moribundo.

Antes de salir, les dije:

—Habéis visto con cuánto amor y delicadeza trataba el sacerdote durante la Misa el cuerpo de Cristo. Aseguraos de hacer lo mismo cuando vayáis a la Casa del Moribundo, puesto que allí se encuentra Jesús bajo apariencias de dolor.

Tres horas más tarde, se encontraban de regreso, y una de ellas —justamente la que acababa de llegar de la universidad, que había visto muchas cosas—, corrió a mi despacho y, con una sonrisa muy hermosa dibujada en su rostro, me dijo:

—Madre, durante tres horas he estado tocando el cuerpo de Cristo.

Yo le pregunté:

—Pues, ¿qué has hecho? ¿Qué es lo que ha sucedido?

Me contestó:

—Al poco de llegar, trajeron a un hombre recogido por la calle, cubierto de gusanos. No me resultó fácil, ésa es la verdad, pero me di cuenta de que en él estaba tocando el cuerpo de Cristo.

Habíamos mandado a la universidad a una de nuestras Hermanas para que perfeccionase sus estudios.

El día mismo en que hubiera tenido que coronar su carrera, se encontró en trance de muerte.

Mientras estaba agonizando, preguntó:

—¿Por qué Jesús me ha llamado por tan poco tiempo?

Le contesté:

—Jesús te quiere a ti. No tus obras.

Apareció ya totalmente feliz.

Hace algunos meses, nuestras Hermanas recogieron a un hombre abandonado en una de las calles de Bombay.

Al tratar de levantar el cuerpo, la piel de su espalda quedó pegada al pavimento de la calle.

Lo llevaron a casa: lo lavaron y lo limpiaron, pero no consiguieron que dijera una sola palabra.

Unas pocas horas más tarde, tras darle un baño, nada se podía descubrir a excepción de los huesos de su espalda.

Entonces pregunté a las Hermanas:

—¿Qué fue lo que experimentasteis cuando lo estabais tocando?

Una de ellas tomó la palabra para contestar en nombre de las demás:

—Madre, por mi parte jamás he sentido una presencia tan real de Cristo como cuando lo estaba tocando...

## Engrasar el motor del cuerpo

Dondequiera que acudamos, lo hacemos siempre como respuesta a una invitación explícita por parte del obispo del lugar (o de quien ostente la autoridad religiosa). En muy pocos casos, la invitación procede de las autoridades civiles.

A Roma nos invitó personalmente el Santo Padre Pablo VI [5].

Las Hermanas que en 1976 se trasladaron a México para abrir una casa (actualmente, en México, ya tenemos tres) lo hicieron por invitación del señor presidente de la República.

Sólo a Guatemala envié a las Hermanas como un regalo de amor de la India para servir a gentes que habían sido tan golpeadas por el terremoto.

Fue la única excepción: la regla ha sido en todos los casos —y es— de respuesta a una invitación explícita de la autoridad religiosa [6].

Hoy se habla mucho de los pobres, pero no se conoce ni se habla a los pobres.

---

[5] Pablo VI fue un gran admirador y benefactor de la obra de la Madre Teresa, a la que hizo donación del Lincoln descapotable empleado durante su viaje apostólico a Bombay en 1964 con destino a su «misión de amor universal».

[6] Para establecerse en cualquier diócesis, toda congregación religiosa necesita el permiso del obispo de la diócesis misma. Las Misioneras de la Caridad dejan siempre la iniciativa de juzgar

De la misma manera, puede ocurrir que hablemos mucho de la oración, pero que no sepamos orar.

Tenemos que alimentarnos. De lo contrario, corremos el riesgo de morir de hambre.

Tenemos que recargarnos continuamente, como el motor de una máquina.

Si una mínima pieza de la máquina deja de funcionar, eso afecta al funcionamiento de toda la máquina.

Hay que engrasar el motor.

Nuestras vidas tienen que estar conectadas con Cristo, que habita en nosotros.

Si no nos mantenemos en la presencia de Dios, no podemos avanzar.

## Una gota en un océano

Una vez, visitando una de las casas de nuestra congregación, encontré a la comunidad insólitamente alterada.

No lograba comprender la razón de lo que estaba observando y pregunté a las Hermanas:

—¿Os confesáis regularmente? ¿Recibís instrucción religiosa con frecuencia?

—No, Madre —me contestaron—. Hace mucho tiempo que no tenemos una ni otra.

Insistí:

—¿Por qué? ¿A qué se debe semejante hecho?

La respuesta fue:

—Porque el sacerdote se encuentra muy ocupado.

Decidí acudir al señor obispo para decirle:

—Puesto que sus sacerdotes carecen de tiempo para ocuparse del cuidado espiritual de las Hermanas, estoy resuelta a llevármelas.

Es la única condición que pongo a los obispos:

---

sobre la conveniencia de establecer un centro de ayuda a los pobres en manos de la autoridad eclesiástica.

que se hagan cargo del cuidado espiritual de las Hermanas; que les faciliten la confesión e instrucción religiosa.

En lo restante, nosotras dependemos exclusivamente de la Divina Providencia: Dios ha dado muestra ininterrumpida de cuidar de nosotras.

¡Todo el mundo!
La simple expresión impresiona mucho.
¡No! Uno a la vez.
Ese uno es Jesús.
Sí, es Jesús, que ha dicho: *Tuve hambre... conmigo lo hicisteis.*

Tal es la razón por la que, cada vez en mayor medida, los pobres se están convirtiendo en esperanza de salvación para la humanidad.

Seremos juzgados por lo que hayamos hecho para con ellos: ¿Cómo los hemos acogido?

Tanto las Hermanas como los Hermanos Misioneros de la Caridad [7] han tomado buena nota de ello. Y

---

[7] La congregación de los Hermanos Misioneros de la Caridad, segunda por cronología y grado de desarrollo entre las brotadas del carisma de la Madre Teresa, surgió en 1963, cuando un buen grupo de jóvenes manifestaron su deseo de trabajar en favor de los pobres más pobres, a las órdenes de la fundadora de las Misioneras de la Caridad, la cual, por otra parte, estaba muy ocupada tanto con su propio trabajo como en seguir el desarrollo espiritual de las Hermanas.

Se produjo un hecho providencial: un joven sacerdote jesuita de origen australiano, el padre Ian Travers-Ball, también él misionero en la India, decidió ocupar un mes de ejercicios espirituales trabajando en favor de los pobres más pobres. Lo hizo al lado del grupo de jóvenes que querían seguir el espíritu de la Madre Teresa. Antes de que el mes concluyese, la religiosa de origen albanés (que para entonces ya había adquirido la nacionalidad india) se dirigió al joven jesuita para pedirle que se hiciera cargo de aquel grupo de jóvenes. Con la autorización de sus superiores, el jesuita australiano dejó la Compañía de Jesús para hacerse él mismo Hermano Misionero de la Caridad, adoptando el nombre de Hermano Andrew. Los Hermanos han alcanzado un gran desarrollo, tanto en número de miembros (son alrededor de 600) como esta consideración es determinante en sus vidas y en su conducta.

Unos y otras se esfuerzan por corresponder a la llamada de los pobres frente al mundo.

Creo que el mundo de hoy está volviendo la espalda a los pobres y esto equivale a volver la espalda a Cristo mismo.

Lo que nosotras realizamos no es más que una gota de agua en el océano. Pero, si no lo hiciésemos, si no pusiésemos esa gota en el océano, al océano le faltaría algo, aunque sólo fuera una gota.

### El pequeño petirrojo

No tenemos razón alguna para estar inquietas, desanimadas o sentirnos infelices, puesto que lo hacemos todo por Jesús.

Él es quien dice: *Tuve hambre y me disteis de comer...*

Bien sé que existen millones y millones de pobres, pero yo pienso en uno a la vez.

Jesús no es más que uno. Yo tomo a Jesús por la palabra. Él dijo: *Conmigo lo hicisteis...*

Mis Hermanas, los Hermanos y yo tomamos a cada persona, a una persona individual, a uno solo por vez.

No se puede salvar más que a uno por uno.

Tenemos que hacer las cosas mejor que los mundanos, puesto que las hacemos por Jesús.

---

de fundaciones, en la India y en unos treinta países más, de América (Estados Unidos, México, Colombia, Bolivia, Perú, República Dominicana, Haití...), Europa (Reino Unido, Francia, Suecia, Italia...) y África. Pero más importante que su desarrollo cuantitativo —aunque guarda alguna relación con él— es la autenticidad de su testimonio religioso y la fidelidad de los Misioneros de la Caridad al carisma fundacional de la Madre Teresa.

En el caso de que nos resulte difícil, deberíamos pedir a Jesús una gota de su preciosa sangre.

Conocéis la leyenda del pequeño petirrojo.

Veía a Jesús en la cruz y veía las espinas.

Empezó a dar vueltas alrededor, hasta que dio con la manera de sacar una espina y, al quitarla, se pinchó.

Cada uno de nosotros deberíamos ser como aquel pajarito.

El pequeño petirrojo se esforzó por arrancar una espina.

Cada vez que miro a la Cruz, me acuerdo de aquel petirrojo.

No debemos olvidarnos de la Cruz.

Es un lugar de gracia.

Cuando resolví desarrollar mi apostolado entre los pobres, pensé que una de las formas más eficaces y convincentes para ser aceptadas por ellos podía ser la de aceptar su misma manera de vestir.

En la India, el tipo de sari que nosotras vestimos es el de los pobres, o por lo menos se le parece mucho.

Lo único que diferencia al nuestro es el pequeño crucifijo que pende por delante del hombro izquierdo, a la altura del corazón, como recuerdo de los sufrimientos de Cristo.

Como hábito escogimos el sari de las mujeres de la India.

De color blanco, que en la India es el de los pobres, y con franjas de color azul, para simbolizar la modestia de María. Con un cinturón de esparto, que simboliza su pureza angelical. La cruz de madera en la parte superior izquierda del pecho simboliza nuestro amor por Cristo. Las sandalias que calzan nuestros pies, simbolizan la libertad de nuestra elección.

## Cristo en los pobres

El hábito constituye para nosotras un recordatorio de nuestra separación del mundo y de sus vanidades.

Al vestirlo, rezamos así: «Que el mundo no signifique nada para mí ni yo nada para el mundo. Que el hábito me recuerde mi estola bautismal y me ayude a conservar hoy mi corazón limpio de pecado.»

Mientras nos calzamos las sandalias, rezamos: «Por libre voluntad, oh Jesús, te seguiré adondequiera que vayas en busca de almas, cuéstame lo que me cueste y por exclusivo amor a Ti.»

La mayoría de nuestras Hermanas proceden de la India (de hecho, nuestra congregación es de origen indio), pero en Roma tenemos un noviciado con jóvenes procedentes de dieciséis nacionalidades diferentes, entre Europa y América.

También tenemos un noviciado en Australia y, últimamente, hemos abierto otro en Africa, dado que también en aquel continente estamos teniendo una gran cantidad de vocaciones.

Y otros más, en Filipinas, Polonia, etc.

Las chicas que ingresan en nuestra congregación proceden, por lo general, de las clases media y baja. Pero también hay muchas de buena posición social.

Lo más hermoso de estas jóvenes radica en su entrega total y en su determinación de darse por entero a Cristo.

Todas ellas aparecen ansiosas de vivir una vida de pobreza real y auténtica.

Esto es para nosotras muy importante: porque si queremos conocer a los pobres, tenemos que conocer la pobreza a través de la experiencia vivida.

Ésa es la razón de que en nuestro instituto la pobreza sea nuestra libertad y nuestra fuerza.

Las Misioneras de la Caridad están firmemente persuadidas de que, cada vez que ofrecen ayuda y se ponen en contacto con los pobres, están tocando el cuerpo de Cristo bajo la semblanza del dolor. Y a Cristo, al que servimos en los pobres, no podemos acercarnos con cara larga.

Nuestra congregación está comprometida de lleno en dar de comer a Cristo, que tiene hambre; en vestir a Cristo, que está desnudo; en cuidar a Cristo, que está enfermo; en ofrecer cobijo a Cristo, que no tiene hogar.

Es muy hermoso ver a nuestras jóvenes entregadas tan de lleno y con tanto amor al servicio de los pobres de Cristo.

## La alegría de mis Hermanas

La generosa entrega de nuestras jóvenes Hermanas es el más precioso regalo de Dios a nuestra congregación y a la Iglesia entera.

Lo que más las atrae es algo mucho más maravilloso y profundo que la pasión por el trabajo.

Muchas de nuestras Hermanas proceden de familias de buena posición social. Pues bien, resulta conmovedor observar con qué disponibilidad y presteza renuncian todas ellas a una posición de comodidad para abrazar generosamente la pobreza de nuestras vidas.

Para ser más capaces de comprender a los pobres, para poder comprender la pobreza de Cristo, las Misioneras de la Caridad optamos por ser pobres nosotras mismas.

Cierto día, una joven procedente de una de las universidades de París vino a trabajar a Calcuta.

Cuando llegó, su rostro aparecía marcado por la angustia. Pero, a las pocas semanas de estar trabajando en la Casa del Moribundo, vino a verme y me dijo:

—Madre, he encontrado a Dios.
—¿Dónde? —le pregunté.
Ella me dijo:
—Lo he encontrado en la Casa del Moribundo.
—¿Y qué has hecho? —le pregunté de nuevo.
—He mandado un telegrama a mis padres diciéndoles simplemente esto: «He encontrado a Dios.»

A menudo, nosotras optamos por no tener cosas que en cambio podríamos fácilmente conseguir: optamos por renunciar a ellas libremente.

Aceptamos gozosamente permanecer las veinticuatro horas del día en medio de aquella clase de personas con las cuales a veces ni siquiera podemos mantener una conversación normal.

Unas veces, son los pobres más pobres, recubiertos de suciedad y de gusanos.

Otras, son los leprosos, los abandonados, los que carecen de hogar, los enfermos, los moribundos.

Resulta maravilloso observar la alegría y la grandeza del amor en nuestras jóvenes Hermanas.

Se trata de un milagro viviente, que impresiona a centenares de personas, incluso no cristianas, que tienen la oportunidad de conocerlas de cerca.

Todas nuestras Hermanas están siempre radiantes de alegría, constituyendo el más maravilloso ejemplo de fe vivida gozosamente.

## Cuatro cualidades importantes

A todas las jóvenes que desean formar parte de nuestra congregación, tratamos de enseñarles a convertir el trabajo en oración, desde el primer momento, llevándolo a cabo por Jesús y haciéndolo por Él.

Esto despierta en ellas el amor por Cristo y la posibilidad de descubrirlo bajo la semblanza dolorida de los pobres más pobres, al igual que lo encontramos bajo las apariencias de pan en la Eucaristía.

La joven que desea entrar en nuestra congregación ha de poseer cuatro requisitos que se exigen para poder ser Misioneras de la Caridad:

Ha de ser sana de cuerpo y de mente.
Ha de tener capacidad de aprender.
Tiene que estar dotada de mucho buen sentido.
Ha de estar movida por recta intención.

Si presenta estas cuatro condiciones, puede venir y observar nuestro trabajo (es lo mismo que dijo Jesús en el Evangelio a los discípulos que querían seguirle: *Venid y ved*).

Acude a una de nuestras casas y entra en estrecho contacto con los pobres, con la gente, con las Hermanas: trabaja con ellas, reza con ellas, vive con ellas.

Al final decide si ése es el camino que Dios desea de ella.

### Un largo aprendizaje

Si decide ingresar en nuestra congregación, pasa seis meses como aspirante, otros seis como postulante y luego hace el noviciado de dos años. Siguen a continuación seis años de votos temporales.

Tras este período, un año antes de los votos finales, regresa de nuevo al noviciado para profundizar en su vida espiritual, puesto que nosotras no somos simples asistentas sociales: nosotras tratamos de vivir una vida de contemplación, irradiando el amor y la bondad de Jesús al mundo, y realizando su obra salvadora.

Como norma, la edad de diecisiete años es la mínima que requerimos en aquellas jóvenes que solicitan ingresar en nuestra congregación.

Como ya dije, tenemos seis meses de lo que llamamos *Venid y ved* (aunque lo llamamos de esta manera, este período corresponde a lo que tradicionalmente se suele denominar aspirantado).

Intentamos que las palabras del Evangelio se conviertan en gestos de vida.

Luego tenemos seis meses de postulantado y dos años de noviciado. Seguidamente, seis años de votos temporales.

Un año antes de la expiración de los votos temporales, las Hermanas vuelven al noviciado para un tercer año de una vida espiritual más intensa y de más profunda unión con Cristo.

Antes de que vuelvan para el «tercerionado» (así lo llamamos nosotras), regresan al seno de sus familias por un plazo de quince días, con el fin de decidir si es eso lo que desean para sus vidas. Sí, vuelven al hogar de sus padres para un período de quince días, con el fin de decidir si efectivamente desean hacer los votos finales.

Nosotras no experimentamos la menor dificultad en el hecho de tener que trabajar en países donde existen diversos credos religiosos, como es el caso de la India.

Vemos en todos a auténticos hijos de Dios.

Todos y cada uno de ellos son hermanos y hermanas nuestros.

Sentimos hacia todos un respeto muy sincero.

Todos saben muy bien que lo que poseo es un tesoro que repartiría con gusto.

No tengo el menor empacho en decirlo.

Pero también digo que la fe es un don de Dios.

Nuestra tarea consiste en llevar tanto a cristianos como a no cristianos a realizar gestos de amor.

Toda obra, todo gesto de amor realizado con sinceridad de corazón, sirve para acercar las almas a Dios.

Si las personas aceptan a Dios en sus corazones,

se convierten en colaboradores suyos. Si no lo aceptan, ésa es su respuesta.

Este ha sido un regalo maravilloso que Dios nos ha hecho: brindarnos la oportunidad de servirle a Él en los pobres.

## La voluntad de darlo todo

Cada día son más numerosas las personas que preguntan con interés e insistencia cómo pueden ayudarnos a realizar nuestro trabajo.

Nosotras les brindamos una oportunidad de trabajar por amor, llevando a cabo gestos tan sencillos como puede ser el ofrecer ayuda a alguien, dentro de su propia familia en primer lugar, para seguir por el vecino de enfrente y tratar luego de buscar a los pobres que viven cerca de ellos.

Cuando se ha entablado tal contacto (quiero aclarar que yo jamás pido dinero; jamás pido que me den nada: lo que yo les pido siempre es que «vengan y vean», que tomen contacto con nuestros pobres), cuando tal contacto se ha entablado, entonces resulta fácil darse cuenta de lo que hay que hacer... Y ponerse a la tarea con decisión y amor.

Lo más hermoso en la gente joven es su generosidad.

Nosotras les solemos dar un papel para que lo rellenen, contestando a la pregunta: «¿Por qué deseas entrar en las Misioneras de la Caridad?»

Muchas de ellas responden:

«Estoy buscando una vida de pobreza, de oración y de sacrificio, que me conduzca al servicio de los pobres.»

A menudo pensamos que lo que atrae a los jóvenes es el trabajo. Os sorprenderá descubrir que es otra cosa: lo que los atrae es la vida de pobreza.

Nuestros jóvenes no aspiran sino a una cosa: a darlo todo por nada.

Por más atractivo que sea el trabajo, debemos sentirnos desapegados de él y estar dispuestos a dejarlo.

Es posible que estemos realizando un gran bien en un sitio, y que la obediencia nos destine a otra parte.

Debemos estar disponibles para ir.

El trabajo no es nuestro.

Lo hacemos por Jesús.

Podríamos sentirnos extenuadas por el trabajo.

Podríamos, incluso, morir de agotamiento.

Si el trabajo no está entretejido de amor, es todo inútil.

Puedo citar el ejemplo de una joven de clase social elevada, que me escribió lo siguiente:

«Hace varios años que Jesús me está llamando a la vida religiosa. He tratado de descubrir a dónde quiere Jesús que vaya. He estado en varios sitios y he podido comprobar que tienen lo mismo que yo tengo. Si entrase en tales sitios, no tendría que renunciar a nada....»

Aquella joven lo quería dar todo: quería renunciar a todo para sentirse libre.

Esa es la razón de que para nosotras la pobreza sea de hecho libertad: nuestra más absoluta libertad.

## Pertenecemos a Dios

Nuestras Hermanas y Hermanos quieren darlo todo a Dios.

Todos ellos saben muy bien que es a Cristo hambriento, lo mismo que a Cristo desahuciado y desnudo, a quien están sirviendo en los pobres.

Y su amor es tan grande que convierte su entrega en algo profundamente gozoso.

Esa es la razón de que irradien felicidad.

Se sienten felices porque son conscientes de haber encontrado lo que estaban buscando.

Como primera condición, tratamos de hacer comprender a nuestras aspirantes, postulantes y novicias, que la pobreza —y no sólo la pobreza entendida espiritualmente, sino también la pobreza material— es libertad.

Para ello tratamos de liberar a nuestras Hermanas de todo lo que no sea Jesús. Una vez que han comprendido qué es la pobreza y en qué consiste, entonces pueden crecer en su espíritu mediante la fe en Jesús y en la Eucaristía.

Nuestras vidas están muy entretejidas con la Eucaristía: nosotras tenemos una fe profunda en Cristo presente en la Hostia Santa. Por esta fe, nos resulta fácil identificar a Cristo y tocarlo bajo las apariencias de dolor en los pobres.

Nos atrae mucho menos hablar de nuestras iniciativas que verter en ellas espíritu de penitencia, de oración y de sacrificio.

Sin sacrificio, oración y penitencia, sin una intensa vida espiritual, no podríamos desarrollar nuestro trabajo.

Es eso lo que nos une a la Pasión de Cristo en los pobres.

Los pobres son el cuerpo de Cristo que sufre.

Ellos son Cristo.

Hasta hoy, nadie se ha portado vulgarmente con las Hermanas; nadie ha intentado hacerles daño.

Nuestro sari es el símbolo de nuestra consagración a Dios.

Es un símbolo de pureza y de pertenencia a Jesús.

El rosario que llevamos en la mano ha demostrado ser siempre una protección inmensa, nuestra fuerza y ayuda espiritual.

Ocurre en Nueva York, pero también en muchos otros lugares donde no han faltado luchas, sufrimientos y odios: las Hermanas han podido y pueden moverse en ellos libremente, sin que nadie se atreva a ponerles la mano encima.

También en la India, en Calcuta, sucede lo mismo.

Se han registrado situaciones de gran tensión, en las que muchas personas no se atrevían a pisar la calle.

Pues bien, las Hermanas estaban fuera todo el día, y hasta gentes que aparecían inquietas y que cometían atropellos, se brindaban a escoltarlas para que se movieran con libertad, de manera que nadie, en tales circunstancias, les hiciera el menor daño.

Nuestro sari tiene mucho que ver con esto. Nuestro hábito religioso despierta respeto y veneración en la gente.

La gente es a veces como es: todos lo vemos.

No obstante, tiene una percepción clara de lo que es una persona consagrada a Dios.

## A disposición de Jesús

Resulta bastante significativo el episodio del taxista de Nueva York que se negaba a llevarme al convento de nuestras Hermanas de la rama contemplativa en South Bronx. Yo no las había advertido de mi visita, por lo que tenía que ir con aquel medio, pero él se negaba a llevarme, por miedo.

No servía de nada, porque le costaba creerme, que le dijese que nuestras Hermanas tenían una casa y vivían allí.

Para convencerlo, le dije:

—Bueno, hagamos lo siguiente: yo me siento a su lado, en la cabina, y verá que no le pasa absolutamente nada.

Ante mi respuesta, accedió. Y nos encaminamos en dirección a South Bronx.

El buen taxista enmudeció al ver a las jóvenes Hermanas saltar y reír, y a las gentes haciéndome inclinaciones de cabeza. Los que me reconocían, aunque estaban borrachos, me hablaban y se quitaban el sombrero.

Al taxista le costaba creer lo que veían sus ojos.

Estoy convencida de que la santidad es la primera razón de ser de nuestra congregación.

—Para nosotras —digo a mis Hermanas—, la santidad no debería ser difícil, porque al ofrecer a los pobres más pobres un servicio gratuito y de todo corazón, transcurrimos con Jesús las veinticuatro horas del día. Y como cada Misionera de la Caridad forma parte de los pobres más pobres, nuestra vivencia del cuarto voto se da mientras realizamos cualquier gesto unas a otras.

En una ocasión, el cardenal-arzobispo de Saint Louis, en Estados Unidos, me pidió que le escribiese algo en el breviario.

Escribí lo siguiente: «Deje que Jesús se pueda servir de usted sin pedirle permiso.»

Él me contestó, también por escrito: «No sabe lo que me ha hecho. Todos los días hago el examen de conciencia y me pregunto: "¿He permitido a Jesús usarme sin pedirme permiso?"»

## Jesús es la explicación

Se nos conoce con el nombre de Misioneras de la Caridad.

Dios es Amor.

Una Misionera de la Caridad debe ser una misionera del amor.

Debe estar llena de caridad dentro de su alma y

esparcirla sobre las almas de los demás, tanto si son cristianos como si no lo son.

De la misma suerte que Jesús fue enviado por su Padre, así nos envía a nosotras, llenas de su espíritu, para predicar su Evangelio de amor y misericordia a los pobres más pobres del mundo entero.

Nuestra tarea más importante debe consistir en proclamar a Jesucristo a los hombres de todos los pueblos, especialmente a aquellos que están bajo nuestros cuidados.

Nuestra aspiración debe consistir en saciar la infinita sed que Jesús tiene de amor, en virtud de nuestra profesión de los consejos evangélicos y de nuestra entrega en libertad al servicio amoroso de los pobres más pobres, en consonancia con las enseñanzas y vida de Nuestro Señor en el Evangelio, en el que se nos revela como único camino para el Reino de Dios.

Nuestra misión particular consiste en trabajar por la salvación y santificación de los pobres más pobres.

Nosotras somos, en primer lugar, religiosas. No asistentes sociales, profesoras, enfermeras o médicos.

Somos religiosas. Servimos a Jesús en los pobres. Lo cuidamos, lo alimentamos, lo vestimos, lo visitamos, lo consolamos en los pobres, en los abandonados, en los enfermos, en los huérfanos, en los moribundos.

Todo cuanto hacemos —la oración, el trabajo, el sufrimiento— es por Jesús.

Nuestras vidas no tienen razón ni motivación alguna fuera de Él.

Este es un punto que muchos no comprenden.

Nosotras servimos a Jesús durante las veinticuatro horas del día.

Todo cuanto hacemos, es por Él. Y Él es quien nos da fuerzas para hacerlo.

Lo amamos en los pobres y amamos a los pobres en Él.

Pero Él está siempre en primer término.

Por Él trabajamos, a Él nos consagramos completamente.

Él nos da fuerzas para llevar una vida así y para ser felices en ella.

Sin Él no seríamos capaces de hacer lo que hacemos.

Y de lo que ciertamente no seríamos capaces es de seguir haciéndolo por toda una vida. Un año, dos años, quizá. Pero no una vida entera, sin miras de reconocimiento, sin esperar de ello nada que no sea sufrir con Aquel que nos amó tanto que dio su vida por nosotros.

Sin Jesús, nuestras vidas carecerían de sentido. Resultarían incomprensibles.

Jesús es la explicación de nuestras vidas.

## La obra es de Dios

En una ocasión, un alto funcionario de la Administración india me dijo:

—Ustedes y nosotros llevamos a cabo la misma labor social. Pero la diferencia es muy grande: ustedes trabajan por Alguien; nosotros lo hacemos por algo.

Él sabía que nuestro Alguien es Jesús. Un Jesús oculto y descubierto bajo las semblanzas doloridas de los que sufren en las calles y suburbios de nuestras ciudades.

En razón de que nuestra congregación es aún muy joven, nuestras superioras carecen todavía de mucha experiencia.

Es por eso por lo que suelo decir a las Hermanas:

—Sed comprensivas y buenas para con ellas. Observad la mano del buen Dios que se esfuerza por escribir un buen mensaje de amor personal para cada una de vosotras empleando un lapicero muy modesto, o acaso roto. Porque, a pesar de ello, es la mano y el corazón de Dios, y por eso debéis tratar de comprender, abstrayendo del lápiz.

En la elección de las obras de apostolado de las Misioneras de la Caridad no existió planificación ni tampoco ideas preconcebidas.

Empezamos nuestros trabajos a medida que fueron surgiendo las necesidades y las oportunidades.

Dios se encargó de hacernos ver qué era lo que en cada momento quería de nosotras.

Todo fue obra de Dios. Nada fue obra mía.

## Jesús en el pobre

Hace poco, la universidad inglesa de Cambridge me concedió, bien inmerecidamente por mi parte, el doctorado *honoris causa* en Teología.

Presidió el acto el príncipe Felipe de Edimburgo, canciller de la Universidad.

Después de la ceremonia, un reportero me preguntó:

—¿Qué fue lo que le hizo emprender su trabajo, qué fue lo que la inspiró y le está dando ánimos para seguir adelante con su trabajo?

Es posible que aquel periodista esperase una larga respuesta a su pregunta. En efecto, pareció algo cortado cuando le contesté con una sola palabra:

—¡Jesús!

Es verdad: nosotras lo hacemos todo y en todo momento por Jesús.

Todo cuanto hacemos, lo hacemos por Jesús, con Jesús, para Jesús. Nuestras vidas están totalmente orientadas a Jesús y a su servicio.

Vivimos para Él, para servirlo y amarlo, para hacer que todos lo conozcan y lo amen.

Por eso digo que lo hacemos todo por Jesús.

Lo hacemos con Jesús, porque Él nos da la fuerza,

el consuelo, la felicidad de trabajar por Él. Él nos acompaña en nuestro caminar, nos guía y nos enseña.

Y lo hacemos para Jesús, sirviéndolo en los pobres, identificándolo en los necesitados, socorriéndolo en los enfermos, ofreciéndole consuelo en los hermanos y hermanas que padecen aflicción.

Digo y repito a menudo a las Hermanas que nosotras no somos asistentes sociales, ni somos enfermeras o maestras: somos religiosas.

Yo no veo en primer lugar al pobre, sino a Jesús, que sufre en el pobre.

A Jesús, que dijo: *Tuve hambre y me disteis de comer. Tuve sed, estaba desnudo, solo, sin cobijo, abandonado de todos... Cuanto hiciereis al más pequeño de los míos, a Mí me lo hicisteis.*

Nadie puede amar perfectamente a dos personas.

Pero uno puede amar perfectamente a todos los hombres amando a Jesús, que es único, en todos ellos.

Para ello se requiere centrar mente y corazón, vida y actividad en Jesús, descubrirlo en cada ser humano que sufre.

### Nuestro cuarto voto

Los jesuitas tienen, además de los tradicionales votos de obediencia, castidad y pobreza, un cuarto voto de obediencia al Santo Padre para las misiones.

Nosotras también tenemos, desde el nacimiento de nuestra congregación, un cuarto voto: el de servir, de todo corazón y gratuitamente, a los pobres más pobres.

Me propuse tres objetivos cuando lo introdujimos: en primer lugar, que sirviese para asegurar la fidelidad a nuestra llamada; luego, que nos ayudase a salvaguardar nuestra pobreza; y, en tercer lugar, que nos abocase a confiar plenamente en Dios.

En nuestra congregación, nosotras emitimos un cuarto voto, por el que prometemos a Dios servir de todo corazón, y sin voluntad de compensación material alguna, a los pobres más pobres.

Ese cuarto voto es el que nos pone al servicio y nos sitúa entre aquellas gentes maravillosas que no tienen nada ni a nadie: los enfermos, los moribundos, los paralíticos, los alcohólicos, los leprosos, los disminuidos, todos los que han olvidado en qué consiste el amor humano, en qué consiste el contacto humano, cómo es la sonrisa humana.

Este cuarto voto resulta esencial para nuestra congregación.

Alguien, experto en derecho canónico, me dijo:

—Si algún obispo pretendiese que asumiesen un trabajo contrario al cuarto voto, basta con que escriban a la Congregación de Religiosos: el cambio no será autorizado.

En efecto, ocurrió que un obispo pretendía que las Hermanas se hiciesen pagar una pequeña cuota por los usuarios de nuestro dispensario médico.

Yo me opuse a ello.

Retiramos a las Hermanas y el dispensario fue cerrado.

Por el hecho de que nuestro trabajo se desarrolla entre los pobres, para nosotras la pobreza es algo indispensable.

Cuando ellos se quejan por la comida, podemos decirles:

—Nosotras comemos lo mismo.

Los pobres tienen que hacerse su propia colada y caminan descalzos.

Nosotras hacemos lo mismo.

Tenemos que bajar hasta ellos y subirlos.

Es algo que ayuda a que los pobres abran el corazón cuando podemos afirmar que vivimos como ellos viven.

A veces, no tienen más que un cubo de agua.
A nosotras nos ocurre lo mismo.
Los pobres tienen que guardar cola.
Nosotras hacemos lo mismo.
Nuestra comida, nuestro vestido, todo debe ser como lo de los pobres.
No tenemos que ayunar. Nuestro ayuno consiste en comer la comida que recibimos.

## Dos ramas de Hermanas

En nuestra familia religiosa contamos también con las Hermanas de la Palabra.
Son nuestra rama contemplativa.
Tienen tres horas de oración en casa y una en la parroquia.
Luego, durante dos horas, salen fuera y hablan de Jesús.
No se trata de que hablen en público, en las plazas o calles más concurridas. Simplemente, se limitan a hablar de Jesús a aquellos que desean escucharlas.
Las gentes arden en deseos de escuchar a quienes les hablan de Nuestro Señor.
Me gustaría poderme retirar entre estas Hermanas para llevar una vida de contemplación, para estar con Jesús: nada más.
Siempre he deseado ser una contemplativa: permanecer con Jesús todo el día, pensar sólo en Él, hablar sólo de Él.
Una de las tareas de estas Hermanas consiste en salir de casa y hablar de Jesús a quienquiera que aparezca dispuesto a escucharlas.

Las Constituciones de las Misioneras de la Caridad afirman: «La contemplación es un don de Dios a cada Misionera de la Caridad. Nuestra vida de contemplación consiste simplemente en darnos cuenta de la permanente presencia y del tierno amor que Dios nos demuestra en las cosas más pequeñas de la vida.»

Nuestra respuesta a ese amor ha de consistir en «permanecer constantemente a su disposición, en amarlo con todo nuestro corazón y con toda nuestra alma, con nuestra mente y con nuestras fuerzas, con independencia de cómo ese amor se nos muestre».

Nuestra contemplación se llevará a cabo buscando el rostro de Dios en todas las cosas, en todos y en todas partes, siempre, y buscando su mano en cuanto suceda.

Alguien me ha preguntado por qué hemos dado comienzo al nuevo instituto de las Hermanas de la Palabra en Estados Unidos en lugar de hacerlo en la India, donde residen y trabajan, y hasta de donde son originarias la mayor parte de nuestras Hermanas.

La respuesta es muy simple: porque en Estados Unidos los tiempos están maduros para un acontecimiento así, mientras que no lo están en la India.

Evidentemente, no quiere ello decir que dicho instituto tenga que limitarse a Estados Unidos, puesto que no está excluido que podamos abrir casas también en otras partes.

Las novicias de la rama contemplativa tienen ocho horas diarias de oración.

Salen fuera dos o tres horas al día para hablar de Jesús a todos aquellos que están dispuestos a escucharlas.

No hablan por grupos sino a personas individuales, que están sentadas en los bancos de los parques, en los hospitales, a los enfermos.

Los hospitales ofrecen oportunidades magníficas para conversaciones espirituales. Los enfermos tienen tiempo para rezar y a veces suspiran por oír a alguien que les hable de Dios.

Yo misma tropecé un día con un joven enfermo, que me confesó que le costaba creer en Jesús y que no rezaba.

Le di un libro.

Cuando me encontré con él de nuevo, me dijo que lo había leído y que sus dificultades habían desaparecido. Ya no tenía dudas.

### «¡Ustedes son ángeles!»

Las novicias contemplativas de Nueva York visten completamente de blanco.

En sus recorridos diarios por calles y parques para hablar de Jesús a los pobres, se encontraron cierto día con un hombre completamente borracho.

Pensaron que era una buena oportunidad: «He aquí alguien a quien dirigir la palabra de Dios.»

Pero, tan pronto él las vio acercársele, gritó:

—¡Márchense de aquí! ¡Yo no estoy preparado!

Las dos Hermanas se acercaron más a él, y le dijeron:

—Somos simplemente dos Hermanas; no debe tenernos miedo.

Él insistió:

—¡No, no! Ustedes son dos ángeles del cielo. Dios me ha tomado de la mano, pero yo no estoy preparado.

Yo creo en cambio que sí lo estaba: en efecto, algunos días más tarde volvió y se confesó.

Era un hombre magnífico.

Las Misioneras de la Caridad comprenden, pues, dos ramas: una activa y otra contemplativa.

Formamos una sola congregación religiosa, con la posibilidad de pasar de una rama a la otra: una Hermana de la rama activa puede pasar a la rama de vida contemplativa, y viceversa.

Por mi parte, siempre me sentí atraída por la vida contemplativa, para permanecer con Jesús y no pensar más que en Él.

No descarto la posibilidad de que algún día me retire entre las Hermanas de vida contemplativa, para dedicarme a la oración [8].

Cuando fue canonizada Santa Teresita del Niño Jesús no es que se descubrieran cosas extraordinarias.

No fue canonizada más que por una cosa, que el Papa Pío X describió en los siguientes términos:

«Realizó las cosas ordinarias con un amor extraordinario.»

Es decir, cosas pequeñas con amor grande.

Es a eso a lo que nos comprometemos las Misioneras de la Caridad cuando, por los votos, le damos nuestra palabra.

## La jornada de la Misionera de la Caridad

Empezamos nuestra jornada a las cuatro y media de la mañana, con la oración y la meditación.

Nuestra comunidad está muy unida; por eso lo hacemos todo en común. En comunidad rezamos, en comunidad consumimos nuestras comidas, en comunidad llevamos a cabo nuestro trabajo.

Comenzamos el día con la Santa Misa, la comunión y la meditación.

---

[8] La Madre Teresa ha fundado una congregación religiosa masculina más (1983): la de los Padres Misioneros de la Caridad. Su misión consiste en «vivir el mensaje de la Madre Teresa por medio de un servicio sacerdotal generoso y alegre a Jesús, presente en los pobres más pobres... compartiendo dicho mensaje con los demás, tanto con los sacerdotes hermanos como con todo el pueblo de Dios». La sede y dirección del nuevo instituto, en su primer asentamiento, es ésta: 75 W. 168th Street, Bronx, N. Y. 10452, USA.

Seguidamente, puesto que cada una de nosotras no dispone más que de un par de saris, uno de ellos tiene que lavarse cada día para recambio.

A las siete y media, algunas de las Hermanas salen para la Casa del Moribundo (se deduce que estoy hablando de la jornada de la Comunidad de Calcuta, aunque, con muy ligeras variantes, es la misma en todas partes donde nos encontramos).

Otras van a los dispensarios y hogares para leprosos.

Otras van a trabajar en las escuelas que atendemos en los suburbios.

Otras van a la cocina, para preparar la comida para nosotras y para repartir a los pobres.

Otras van a visitar a familias necesitadas y a enfermos.

Otras, a enseñar el catecismo.

Y así sucesivamente.

Es decir, se distribuyen por toda la ciudad (sólo en Calcuta, tenemos 59 centros: la Casa del Moribundo, aunque sea el más conocido, es sólo uno de ellos).

Se difunden por toda la ciudad, rosario en mano (tal es nuestro hábito de rezarlo: mientras caminamos por las calles).

Nunca nos dirigimos a la gente sin rezar. El rosario ha constituido y constituye nuestra fuerza y protección.

En todas las partes del mundo, nuestro hábito es este mismo sari que yo llevo.

A las doce y media estamos de vuelta, para la comida.

Después de comer, las que están de turno, desempeñan las labores de la casa.

Seguidamente, todas las Hermanas tienen media hora de siesta: porque hasta entonces todas han permanecido en pie.

Hacia las dos de la tarde, tenemos media hora de lectura espiritual.

Luego, una taza de té.

A las tres, las Hermanas profesas salen de nuevo, mientras las novicias y las postulantes se quedan en casa: tienen clase sobre Teología, Sagradas Escrituras y otros temas. Por ejemplo, sobre las Constituciones.

Entre seis y cuarto y seis y media, todas están de vuelta otra vez, y de seis y media a siete y media, tenemos adoración del Santísimo Sacramento expuesto.

Esta hora de adoración en manera alguna nos impone un corte en el trabajo, ya que para nosotras el trabajo es oración, lo mismo que la oración es servicio a los pobres.

Nosotras podemos trabajar durante diez o doce horas sin interrumpir nuestro servicio a los pobres.

A las siete y media cenamos.

Tras la cena, durante unos veinte minutos, nos dedicamos a preparar el trabajo para el día siguiente.

De ocho y media a nueve tenemos recreo. Todo el mundo habla entonces en voz alta, porque todo el día hemos estado trabajando.

A las nueve tenemos la oración de la noche, y preparamos la meditación para la mañana siguiente.

(Lo había olvidado: después de la comida de mediodía, tenemos examen de conciencia, rezamos el Oficio Divino y el Vía Crucis.)

Todas las semanas tenemos un día de retiro.

Ese día, las novicias del primer año salen a trabajar fuera de casa, puesto que ellas son las únicas que no lo hacen todos los días.

Todas las Hermanas profesas permanecen en casa durante el día de retiro.

Se trata de un día muy importante, que nos permite a todas recuperar fuerzas para colmar de nuevo el vacío interior que produce el ajetreo diario.

Ahí radica su belleza.

Es también el día en que, además de dedicarlo de manera especial a la adoración, nos confesamos.

El trabajo que las Misioneras de la Caridad estamos realizando no es más que el medio de convertir nuestro amor a Cristo en gestos concretos de amor y de vida.

Es muy hermoso el hecho de nuestra complementación recíproca.

Lo que nosotras estamos haciendo en los suburbios, es posible que los demás no lo podáis hacer.

Lo que vosotros, cada uno de los demás, estáis haciendo y podéis hacer en el propio nivel donde os encontráis según vuestra llamada individual —ya sea en el seno de vuestras familias, en el colegio, o en vuestros ambientes de trabajo—, no lo podemos hacer nosotras.

Pero todos juntos, vosotros y nosotras, estamos llevando a cabo algo hermoso para Dios.

## Capítulo 3
# DÓNDE Y POR QUÉ ABRIMOS NUEVAS CASAS

**Nuestras fuentes de financiación**

Las Misioneras de la Caridad asumimos la responsabilidad de emplear dones que recibimos de acuerdo con la intención del donante, es decir, en favor de los pobres más pobres a quienes servimos. Porque cuanto recibimos está destinado a ellos.

No podemos echar a perder el hermoso don que Dios nos ha dado, que son los pobres más pobres, por cuyo medio le servimos a Él con amor y solicitud.

El dinero es algo de lo que nunca nos preocupamos.

Nos llega siempre. Es Dios quien nos lo envía.

Nosotras hacemos su trabajo. Y Él nos provee de medios para realizarlo.

Si no nos provee de medios, quiere decir que no quiere un determinado trabajo.

En tal caso, ¿por qué preocuparnos?

Cierto día, el director de una gran empresa industrial se presentó para ofrecernos un terreno en Bombay.

Como primera medida, el empresario me preguntó:

—Madre, ¿con qué financiación cuenta usted para su trabajo?

Yo le contesté a mi vez:

—Me puede decir, a usted, ¿quién le ha enviado aquí?
—Experimenté como una especie de necesidad interior... —explicó él.
Y yo respondí:
—Bien: otras personas, al igual que usted, me vienen a ver y dicen lo mismo. Ahí tiene nuestra fuente de financiación.

## Dar y darse

Confío en que no estéis dando lo que os sobra.

Debéis dar aquello de lo que os cuesta desprenderos: tenéis que hacer un sacrificio, privaros de algo que os apetece, de tal suerte que vuestro don tenga valor a los ojos de Dios.

En semejante caso, seréis verdaderamente hermanos de los pobres, que carecen incluso de cosas de las que tienen necesidad real.

Mi deseo es que los dones no provengan de las sobras del donante.

Más bien deberían representar un don espontáneo por parte de aquellos que no temen amar con sacrificio.

El dar no debería limitarse al dinero o a cosas materiales.

Yo quisiera que un número elevado y creciente de personas pusieran a disposición sus manos para servir y sus corazones para amar, reconociendo a los pobres en sus propios hogares, ciudades y países, tratando de acercarse hasta ellos con amor y con generosidad.

En Bombay tenemos, en un local y un terreno que nos dio la Hindustan Lever Company, una casa denominada Asha Dan (regalo de la esperanza).

Cuando la inauguramos, en enero de 1976, dije a las personas allí reunidas:

—Asha Dan es un don de esperanza y de amor, no sólo para los pobres y necesitados, sino también para vosotros y para mí. Vuestros regalos en efectivo y en especie son bienvenidos, pero yo deseo todavía más que vengáis de vez en cuando a este hogar para ofrecer vuestra presencia a los que viven aquí. Sonreídles, tocadles, hacedles sentir que son hermanos y hermanas vuestros. Gandhi dijo que quien sirve al pobre, sirve a Dios.

La Asociación Internacional de Colaboradores representa una oportunidad para todos, empezando por los seglares, de crecer en la semejanza de Cristo a través de obras humildes de amor y de servicio, ante todo en el seno de sus mismas familias, pero también entre sus vecinos de al lado, en la ciudad donde viven y en el mundo entero.

Los colaboradores deben compartir el espíritu de nuestra congregación, el de las Misioneras y Hermanos Misioneros de la Caridad.

De esta suerte, se convierten también ellos en mensajeros del amor y de la bondad de Dios.

Estoy convencida de que Dios ama al mundo de hoy por nuestro medio y por medio de todos los que comparten nuestro trabajo.

### Dónde abrimos casas

En una ocasión, un sacerdote animado por la mejor intención y por el amor a nuestra congregación, me preguntó:

—Madre, ¿no se le ha ocurrido frenar un poco la expansión del instituto, para concentrar sus energías en una tarea de mayor consolidación?

Sin el menor titubeo, le contesté:

—Estamos decididas a proseguir en la obra de expansión y apertura de nuevas casas. Se nos está pidiendo sin parar que abramos nuevos centros tanto en la India como en otros países. Tenemos centenares de solicitudes de todas partes. Por otra parte, la congregación sigue creciendo. Sólo tenemos dificultad en encontrar superioras adecuadas. Pero Dios proveerá.

Cuando en 1971 abrimos nuestra primera casa en South Bronx, en la ciudad de Nueva York, un sacerdote del lugar me preguntó, bromeando:
—Pero, con tantas necesidades como hay en la India, ¿cómo se les ocurre venir aquí?
Yo le contesté:
—Nada más que para servir.
—Pero, ¿cómo cree que pueden servir? —preguntó de nuevo.
Y le dije:
—Acaso podamos servir de puente entre los que son ricos y los que carecen de todo.

En cierta ocasión, el embajador de la India ante el Gobierno italiano dijo a los presentes:
—Estas Hermanas (Misioneras de la Caridad) han hecho mucho más en un corto espacio de tiempo en favor del acercamiento entre nuestros dos países que nosotros con nuestros recursos diplomáticos.

Acudimos a abrir casas allí donde las necesidades son mayores.

Ese es nuestro criterio principal, que se expresaría en los siguientes términos:

Vamos adonde es mayor la necesidad espiritual. En muchos países, como por ejemplo en los de América Latina, existe una angustiosa escasez de sacerdotes y de religiosos para el servicio de la gente, especialmente de los más pobres.

Vamos adonde son mayores las oportunidades espirituales, adonde es mayor el trabajo, adonde las personas aparecen mejor preparadas para acoger la instrucción religiosa y los sacramentos.

Acudimos a abrir casas allí donde prevemos que las gentes obtendrán beneficio de nuestro trabajo.

Vamos allí donde es más necesaria la presencia de la Iglesia, pero de donde está ausente o donde su presencia resulta escasa.

Vamos adonde hay esperanzas fundadas de buenas vocaciones, de que hay jóvenes dispuestas a sacrificarse por la gloria de Dios, de manera que podamos extender nuestro trabajo a otras zonas con escasa presencia cristiana.

Y también abrimos casas como signo de gratitud por la ayuda recibida de determinados países y regiones.

## Pongo condiciones a los obispos

Cuando nos piden que abramos una casa en algún país, yo pongo tres condiciones. Son éstas:

Las Hermanas tienen que trabajar entre los pobres (hay pobres en todas partes, incluso en países ricos, como Alemania, Gran Bretaña, Países Bajos, Italia, Francia, Bélgica o España).

Las Hermanas tienen que disponer de tiempo suficiente para la oración común y privada.

A las Hermanas se les tiene que asignar como director espiritual un sacerdote de sólida doctrina y probada virtud.

Cuando, en el verano de 1973, se nos invitó a abrir una casa en el Yemen, país completamente musulmán, yo dije que estaba dispuesta a llevar allí a las Hermanas con una condición: que dejasen venir también a un sacerdote.

Se reunieron para deliberar y resolvieron permitir la entrada de un sacerdote.

Era la primera vez, después de ocho siglos, que un sacerdote misionero —perteneciente a la congregación de los Padres Blancos— introducía en el Yemen la lámpara ardiente del tabernáculo.

Se nos pidió luego que no llevásemos el crucifijo que tenemos en nuestro hábito. Acudí al gobernador de Hodeida y le dije:

—Lo que llevamos es nuestra señal distintiva. Un símbolo de nuestra consagración. Nosotras pertenecemos a Él.

Tampoco les gustaba que rezásemos el rosario por las calles, por lo que le repliqué:

—Rezar nos da fuerza. Por eso lo hacemos.

Finalmente nos dijeron:

—Quédense. Las aceptamos como son y no como nadie quiere que sean.

Por eso, las Hermanas siguen en el Yemen, donde además de en Hodeida, tenemos casas en San'a y en Ta'izz, y continúan llevando el crucifijo en el sari y rezando el rosario cuando van por las calles.

### Exámenes de pobreza

Suelo decir a las Hermanas que mi deseo sería que, ellas y yo, experimentásemos tal felicidad en la pobreza que fuese como la «perfecta alegría» de San Francisco de Asís, que la llamaba «la Dama Pobreza».

Por su parte, San Ignacio de Loyola la llamaba «la Madre Pobreza».

Cuanto más tengamos, menos podremos dar.

Mejor que tengamos menos, para darlo todo a Jesús.

Para nosotras la práctica de la pobreza consiste en coser nuestra ropa lo antes posible y lo mejor que seamos capaces.

Ir por ahí con un hábito y un sari rotos no es ciertamente signo de virtud de pobreza.

—Es que —digo a mis Hermanas— nosotras no

hacemos profesión de la pobreza de los mendigos, sino de la pobreza de Cristo. No olvidemos, por otra parte, que nuestros cuerpos son templo del Espíritu Santo, y que por esa razón debemos respetarlos con vestidos dignamente remendados.

Digo a las Hermanas que una de las razones por la que los pobres son grandes y por la que les somos deudoras de mucha gratitud es por aceptarnos.
Si no fuera porque ellos nos aceptan, nosotras no existiríamos como Misioneras de la Caridad.

Cuando visito nuestras casas, en lo que más insisto es en la pobreza. Trato de comprobar si es observada en consonancia con el espíritu y la letra de nuestras Constituciones.
De manera especial, llamo la atención sobre ello a las superioras de las casas.
Resulta muy fácil dejarse ir un poco en materia de pobreza.
Cuando abrimos nuevas casas en países ricos, aunque acudimos con preferencia a las zonas más pobres, insisto siempre en la pobreza.
A menudo, digo a las gentes que nos acogen:
—Os entrego a estas mis Hermanas. Tened cuidado de ellas y ayudadlas a observar la pobreza, porque la pobreza es nuestra dote. No dejéis que en las Hermanas decaiga el amor a la pobreza.

Dijo un hombre eminente de Nueva Delhi, refiriéndose a nuestra congregación:
—¡Qué espectáculo más hermoso ver a unas Hermanas totalmente liberadas del mundo en unos tiempos en que todo lo que no sea estrictamente del momento actual se considera pasado de moda!
La falta de medios económicos jamás constituye impedimento para que abramos una casa en el lugar en el que se den los requisitos antes apuntados.
Por ejemplo, nos llegó una carta de Corea del Sur

asegurándonos que el trabajo que realizan las Hermanas sería muy útil en una diócesis, pero que el obispo era muy pobre, y que no podía en absoluto brindarnos recursos para la fundación.

Naturalmente, abrimos la casa, y las Hermanas están ya trabajando allí.

Vuelvo a insistir: jamás la falta de medios materiales constituye un obstáculo. Los medios nos llegan siempre de otras partes.

## Nuestra pobreza es voluntaria

Nosotras no aceptamos la pobreza a la fuerza, sino libre y voluntariamente, por amor a Jesús.

A muchos se les antoja una locura nuestra preferencia por las comidas sencillas y nuestro rechazo de las exquisiteces, al igual que el hecho de que no tengamos más que dos hábitos y un par de sandalias muy sencillas y sin calcetines.

Les extraña y no comprenden que aguantemos el calor y la sudoración, prescindiendo de ventiladores y, en el frío invierno, de estufas.

Les sorprende que estemos dispuestas a aguantar el hambre y la sed, y que rehusemos comer en casas donde nos lo ofrecen.

Les extraña que prescindamos de transistores, televisores o tocadiscos que pudieran brindarnos relajación tras agotadoras jornadas de trabajo. Que caminemos a pie bajo el sol o la lluvia, o que viajemos en trenes y tranvías abarrotados. Que nos arrodillemos en la dura tabla o baldosa en nuestras capillas, en lugar de hacerlo sobre suaves cojines o almohadillas.

Que prefiramos ocupar una cama en un pasillo de hospital, entre los pobres de Cristo, cuando nos sería fácil conseguir habitaciones privadas.

Que llevemos a cabo tareas muy humildes en

nuestros hogares cuando nos resultaría sencillo emplear a criados humildes y reservarnos nosotras las tareas más ligeras.

Que nos dediquemos a limpiar los servicios y a fregar el piso de la Casa del Moribundo o de Shishu Bhavan como si fuera la tarea más noble del mundo y que lo hagamos como un acto de amor a Dios.

Para quienes piensan así, nosotras estamos desperdiciando nuestras vidas y quemando nuestras capacidades.

Y así es, a menos que tomemos a Cristo por modelo y fin de nuestras vidas.

Es tan grande y continua la solicitud de nuevas casas de unos y otros que actualmente ya no puedo poner más que cuatro Hermanas en cada nueva fundación.

En nuestras primeras Constituciones se establecía que no debía haber menos de siete Hermanas viviendo en cualquier fundación.

El número se fue reduciendo poco a poco a seis y cinco.

Las nuevas Constituciones establecen que «no serán enviadas a establecer una nueva fundación menos de cuatro Hermanas».

Cuando salen de casa, las Hermanas van normalmente de dos en dos.

A alguien, que me preguntó por qué iban de dos en dos, le contesté:

—Porque dos cabezas poseen más sabiduría que una, y cuatro manos pueden realizar más trabajo que dos.

Bien sé que se podría haber preguntado de nuevo que por qué, en ese caso, no de tres en tres, que aún reunirían mayor sabiduría y capacidad de trabajo.

La respuesta está en las Constituciones, donde se dice lo siguiente:

«El Evangelio nos asegura que Jesús enviaba a los

Apóstoles y discípulos para sus empresas apostólicas de dos en dos: de esta manera nos conformamos al modelo evangélico propuesto por Jesús.»

## Oración y alegría

Ayer mismo, una novicia me vino a ver, llorando a lágrima viva.
Le pregunté:
—¿Qué te ocurre?
Acababa de llegar de una familia.
Me dijo:
—Madre, nunca he visto tanto sufrimiento en mi vida. En aquella casa carecen de todo. Frente a una enfermedad terrible, un cáncer, me encontré totalmente desarmada. Permítame hacer un poco más de penitencia. Quiero poder compartir aquel sufrimiento.

Se trataba de una Hermana muy joven, que no llevaba ni siquiera tres años en la congregación, pero sufría verdaderamente con los demás.

No debemos tener vergüenza de amar a Cristo con nuestras emociones.

Una esposa ama a su marido con todo su corazón.

La «Pequeña Flor», Santa Teresita del Niño Jesús, en su autobiografía *Historia de un alma* habla de una pariente que había ido a visitarla.

Aquella mujer no hacía otra cosa más que hablar de su marido, de su larga cabellera, de sus hermosos ojos y de otros encantos: todo ello como expresión feliz de un gran amor.

La «Pequeña Flor» la escuchó con atención y enseguida escribió en su diario: «Jamás consentiré que mujer alguna ame más a su marido que yo a ti, mi amado Jesús.»

A menudo digo a las Hermanas:
—La alegría es oración. La alegría es fuerza. La

alegría es amor. La alegría es una red de amor mediante la cual se pueden capturar las almas. Dios ama a quien da generosamente. Da más quien da con amor. La mejor forma de demostrar nuestra gratitud a Dios y a las personas consiste en aceptarlo todo con alegría. Un corazón alegre es el resultado más normal de un corazón encendido de amor. Jamás consintáis que nada os embargue de tal suerte de tristeza que llegue a haceros olvidar la alegría de Cristo resucitado.

Suelo decirles también:

—No amemos de palabra, sino amemos hasta sentir dolor. También Jesús nos amó con dolor, hasta el punto de morir por nosotros. Y hoy nos ha llegado, a mí y a vosotras, el turno de amarnos los unos a los otros como nos amó Jesús. No debemos tener miedo de decir sí a Jesús.

### Nuestro voto de castidad

Los mundanos creen que el voto de castidad nos resta humanidad, que nos hace sentirnos como piedras, carentes de sentimientos.

Cada una de nosotras podría asegurarles que eso no es verdad.

Es justamente el voto de castidad el que nos hace libres para amar a todo el mundo, en vez de convertirnos en madres de dos o tres hijos.

Una mujer casada no puede amar más que a un hombre.

Nosotras podemos amar a todo el mundo en Dios.

El voto de castidad no nos mutila. Más bien, observado con felicidad, nos permite vivir en plenitud.

El voto de castidad no es una simple lista de prohibiciones y de noes.

Es el amor.

Nos damos a Dios y lo acogemos en nosotras.

Dios se nos da y nosotras nos damos a Él.

De ahí que, a través del voto de castidad, nos consagremos por completo a Él.

La fidelidad en las pequeñas cosas nos ayudará a crecer en el amor.

A todos se nos ha entregado una lámpara encendida y a todos nos incumbe la tarea de mantenerla encendida también.

La única manera de mantener vivo el fuego de nuestra lámpara radica en alimentarla continuamente de aceite.

Ese aceite es el de nuestros gestos de amor. Mantengamos, pues, nuestra lámpara encendida, de tal suerte que, cuando venga Cristo, nos pueda reconocer.

Y no sólo nos reconocerá a vosotros y a mí, sino también a todas aquellas personas con las que hemos estado en contacto.

Se encontrará en cada uno de ellos, a causa del amor que habrán recibido y del amor que hayan dispensado.

Mis queridas Hermanas, debemos conferir todos los poderes y vecindad plena de nuestras casas a Jesús.

Una vez que tengamos a Jesús con nosotras, entonces nos será muy fácil darlo a los demás.

Jamás cedáis al desánimo.

No debéis hacerlo cuando, por ejemplo, tratáis de recomponer un matrimonio en crisis o de convertir a un pecador, sin conseguirlo.

Si os desanimáis, ello es señal de orgullo, pues demostráis confiar más de la cuenta en vuestras fuerzas.

No os preocupéis de las opiniones ajenas. Siendo humildes, jamás os turbaréis.

Lo cual no es fácil, porque todos deseamos ver el resultado de nuestro trabajo.

Dejémoslo para Jesús.

## Hacer pequeñas cosas

No rehuséis llevar a cabo las obras aparentemente más pequeñas e insignificantes. Toda obra de amor es una obra de paz, sin que tenga la menor importancia el hecho de que se trate de una obra aparentemente muy menuda.

¡Cuánto odio y cuánto rencor existen en el mundo!

No lograremos superarlos con la lucha, con cañones ni con nada que hiera: sólo lo conseguiremos con gestos de amor, de alegría y de paz.

Creo que era San Vicente de Paúl quien decía a los jóvenes aspirantes de su congregación:

—No debéis olvidar jamás que los pobres son nuestros dueños: tenemos que amarlos y prestarles obediencia.

¿No podrá a veces ocurrir que tratemos a los pobres como la bolsa de los desperdicios, donde echamos todo lo que ya no nos sirve?

No puedo comer esta comida, luego la puedo dar a los pobres. No puedo usar esto, no puedo llevar tal vestido. ¡Para los pobres!

¿Compartimos, de verdad, la pobreza de los pobres?

¿Nos identificamos y nos solidarizamos íntimamente con ellos?

¿Comparto con ellos, como Jesús comparte conmigo?

Si acudimos a los pobres con una actitud semejante, tratando solamente de compartir a Dios con ellos, de llevarles la alegría del Jesús que es nuestra fuerza, estoy convencida de que el mundo se verá pronto henchido y repleto de paz y de amor.

## «Llegué ateo: me voy creyente»

Las Hermanas llevan a cabo cosas pequeñas. Cosas tan pequeñas y menudas como ayudar a los niños, visitar a los que viven solos, a los enfermos, a los no queridos.

En una de las casas que visitaban las Hermanas, se encontraron con que una mujer, que vivía sola, había fallecido días antes.

Las Hermanas dieron con ella sólo porque su cuerpo había empezado a descomponerse y a desprender un olor insoportable.

Los inquilinos del inmueble ni siquiera sabían cómo se llamaba.

Cuando oigo que las Hermanas no hacen cosas importantes y grandes, que las Hermanas se dedican sólo a la realización de actos pequeños y menudos, le contesto que aun cuando no ayudasen más que a una sola persona, ya es suficiente: Jesús hubiera muerto aun por una sola persona, por un solo pecador.

Jamás lo podré olvidar: una vez vino a nuestra Casa del Moribundo de Calcuta un ateo.

Escasos minutos antes de que él llegara, varias personas habían traído a un hombre recogido en la calle (probablemente lo habían encontrado en una alcantarilla o en una escombrera, porque estaba cubierto de gusanos).

Había allí una Hermana cuidándose de él, sin darse cuenta de que alguien estaba observando su manera de tocar al enfermo, de mirarlo, de sonreírle y todo lo demás.

Por casualidad, también yo me encontraba allí en aquel momento.

El ateo estaba de pie, observando a la Hermana.

—Llegué aquí sin Dios. Llegué aquí con el corazón repleto de odio. Llegué aquí... —y añadió una retahíla de adjetivos y palabras a cual más expresiva que, sin embargo, yo ya no recuerdo.

Añadió:

—Ahora me voy lleno de Dios. He podido observar el amor de Dios en acción. Lo he visto a través de las manos de aquella Hermana, a través de su rostro, a través de su ternura, a través de su amor hacia aquel pobre enfermo. Sí, Madre, ahora creo.

Por mi parte, puedo asegurar que no lo conocía.

Menos aún sabía que fuera ateo, según él mismo me dijo.

## Cumplir la palabra dada

En cierta ocasión, el Santo Padre mandó a decirme que deseaba verme.

Acudí y, para darme la bienvenida, me besó en la cabeza.

Yo le pregunté si debía ir a Polonia, adonde había sido invitada por un grupo de jóvenes católicos.

El Santo Padre me dijo:

—Sí, Madre, vaya a Polonia.

(Por entonces, aún no se nos había invitado a abrir una casa en Polonia. En cambio, nos habían invitado ya de Alemania Oriental y de Cuba. Ahora tenemos ya dos casas también en Polonia. Y muchas vocaciones.)

Hemos abierto una casa en Haití, donde hay mucho trabajo para nosotras.

Las gentes de Haití son muy pobres, pero extraordinariamente buenas. Viven en chozas muy humildes, mezclados con sus vacas, cabras y gallinas: todos juntos, con una habitación por familia.

Yemen es un país que ha estado privado de toda presencia cristiana y del sacrificio eucarístico durante seis siglos.

Desde que las Hermanas se han establecido allí y cuentan con un sacerdote para el ministerio, se ha vuelto a celebrar la Santa Misa en aquel país. Así, Cristo está presente en medio de las gentes.

El primer ministro del Yemen, que fue quien nos invitó, me pidió que empezáramos una clase de corte y confección para las hijas de las mejores familias del país.

Tuve que rehusarlo, diciéndole:

—No podemos aceptar, porque hemos dado palabra a Dios de trabajar exclusivamente por los pobres. Y cuando uno da una palabra, está obligado a cumplirla, ¿no es así?

El primer ministro contestó:

—Sí, desde luego.

Efectivamente, nosotras hemos dado palabra a Dios de trabajar sólo por los pobres, porque ellos son los más necesitados. Tenemos que cumplir nuestra palabra.

## No nos metemos en política

Hemos abierto una casa en Filipinas.

A nuestra llegada, nos encontramos con tres casas construidas: una para niños, otra para los moribundos, y la tercera, para habitación de las Hermanas.

Ocuparon a doscientos trabajadores. En quince días quedó todo terminado.

Al poco de abrir la casa, ya habían pedido entrar en la congregación nueve jóvenes.

En el país, algunos sacerdotes y religiosos se

encontraban en la cárcel entonces, por su oposición al Gobierno de Ferdinand Marcos.

Los que mandaban no querían críticas.

Nosotras nos mantenemos al margen de toda política.

La primera vez que fui a Etiopía, un sacerdote del país me dijo:

—Sus Hermanas carecen de preparación y cualificación. Les falta lo esencial.

Yo callé. Nunca digo nada cuando se nos critica.

Tratamos de obrar lo mejor que podemos, dejando que las obras hablen por nosotras.

Ahora, el mismo sacerdote nos dice:

—Ustedes están salvando a la Iglesia en este país. Todos los sacerdotes y religiosas están siendo expulsados. Sólo sus Hermanas resultan bien acogidas.

Tan verdad es esto que se nos pide que abramos nuevos centros en aquel país.

Nosotras no queremos inmiscuirnos en la política.

Lo único que queremos es llevar a cabo nuestro trabajo por Cristo.

Me encontraba en Addis Abeba, capital de Etiopía, en una época en la que el Gobierno estaba expulsando a los misioneros extranjeros, mediante una notificación presentada con apenas unas horas de antelación.

El primer ministro me aseguró:

—Aunque tuviéramos que expulsar a todos, no permitiremos que sus Hermanas se vayan, porque estoy informado, y lo veo por mí mismo, que ustedes aman y se ocupan de los pobres.

Como es sabido, tras la revolución que depuso al emperador de Etiopía, se impuso un régimen comunista.

Con motivo de una de mis estancias en el país, acudí a un ministro con el fin de solicitar unos terrenos para un hospital que se hacía imprescindible en una zona donde no existía ninguno.

El ministro me dijo:

—Aquí estamos en régimen comunista y creemos que la atención de los enfermos y necesitados es incumbencia del Estado y no de individuos o grupos.

Le repliqué:

—Pero ustedes no la están llevando a cabo.

—Sí, es verdad —admitió—. Por ello, trataré de ayudarla a conseguir algún terreno.

De esa suerte, ahora podemos ocuparnos de los enfermos.

## Los pobres son de todos

Cuando alguien dice, como le oí una vez al presidente del Gobierno del Estado de Bengala Oriental, que «en un país comunista el cuidado de los necesitados debería correr a cargo del Estado y no de los individuos», yo contesto lo mismo que contesté en aquella circunstancia:

—No estoy de acuerdo con el señor presidente cuando dice que el cuidado de los pobres y de los necesitados es responsabilidad exclusiva del Estado. Es responsabilidad de cada uno de nosotros. Toda persona debe sentirse interpelada por las necesidades de sus hermanos y hermanas.

Últimamente he estado de visita una vez más en nuestras casas de África: Tanzania, Etiopía...

Mi paso por este último país coincidió con la visita de ese hombre de Cuba con una barba larga... ¡Exacto: con Fidel Castro!

En Etiopía se están produciendo cambios.

Me dijeron que iban a ser expulsados los misioneros.

Pero también me aseguraron que nuestras Hermanas no van a ser molestadas.

En Etiopía, el hambre que está azotando a la población es mucho mayor aún que la que estaba atravesando el país cuando llegamos por primera vez, en 1973. Allí, Dios nos está enseñando una lección muy importante: nos ofrece la oportunidad de dar hasta sentir dolor.

Las gentes del país son maravillosas.

No se escucha una palabra de lamentación.

Nadie se queja de por qué les ha tocado a ellos.

Insistí ante las Hermanas para que se esfuercen por depender de la Providencia de Dios, con lo cual nunca se verán obligadas a decir que no tienen nada que dar: siempre habrá algo de que poder disponer.

## En África y en Estados Unidos

En Tanzania las cosas marchan muy bien para las Misioneras de la Caridad.

Tenemos muchas vocaciones.

Incluso hemos abierto un noviciado en Tabora.

También nos han invitado del Sudán, tanto el arzobispo como el delegado apostólico.

Quieren que abramos sendas casas en Jartum y Wau.

Las gentes de Estados Unidos son muy generosas con nuestra obra.

Tenemos un buen número de vocaciones, aspirantes y postulantes de aquella nacionalidad.

Para el noviciado tienen que ir a Roma.

Deben salir de su próspero país y ver algo más.

Por cierto que en Roma tenemos también ahora Hermanas que se encuentran en el tercerionado —nosotras las llamamos «tertians»— que se están preparando para los votos finales.

Yo quiero que algunas de ellas pasen también por Calcuta: seis meses en Roma y seis en Calcuta.

De la misma manera, algunas de Calcuta tendrán que ir a Roma durante su tercerionado, en una especie de intercambio de personal.

Todas tienen que pasar por Calcuta.

¿Que por qué abrimos nuevas casas?

Bueno: pienso que si Dios nos envía sin cesar nuevas vocaciones es porque desea que las empleemos para su causa.

## «Hermanas portaequipajes»

Suelo decir a las Hermanas que no tienen por qué sentirse avergonzadas de que la gente las alabe por lo que hacen.

Porque tienen que dejar que todos vean lo que son capaces de hacer por amor de Cristo o, mejor, lo que Cristo es capaz de llevar a cabo a través de unos humildes instrumentos.

Todo es para Su gloria.

No quiero que mis Hermanas realicen milagros siendo ruines.

Más bien deseo que sean profundamente buenas.

Digo a las Hermanas que jamás debemos ceder a la costumbre de preocuparnos por el futuro.

No existe razón para ello.

Dios está ahí.

Una vez que damos cabida al anhelo por el dinero, se infiltra con él también el anhelo por las cosas que el dinero nos procura: es decir, lo superfluo, el decorado de las habitaciones, las exquisiteces gastronómicas, los trajes, los electrodomésticos, etc.

Las necesidades o, más bien, los antojos van en

aumento, porque unas cosas tiran de las otras, y en nuestros corazones se instala la insatisfacción.

Tenemos que trabajar por las almas.

Las almas son lo que importa.

Yo me siento muy feliz cuando puedo hacer bien a las almas.

Creo que también las Hermanas se sienten muy felices cuando pueden hacer bien a las almas.

A fin de cuentas, fue por esto por lo que empezamos a hacernos cargo de los moribundos: para poderles ayudar a pensar en Dios en sus momentos terminales y hacer un acto de amor antes de cerrar los ojos a la vida. Queremos que mueran con Dios.

Creo que también las Hermanas ven las almas más allá de los cuerpos y se alegran cuando son capaces de hacer un bien espiritual.

Nuestro trabajo no nos distrae en modo alguno de Dios.

Dios es bueno con la congregación.

Continuamente nos vemos invitadas a acudir a muchos lugares.

Ni siquiera estamos en condiciones de poder aceptar todas las solicitudes que nos llegan.

Se necesitan más Hermanas.

Tenemos que rezar para que aumenten las vocaciones.

Llevamos nuestros equipajes nosotras mismas. Hasta tal punto que llegan a llamarnos las «Hermanas portaequipajes», porque ese servicio lo realizamos nosotras mismas.

Cuando las Hermanas se van para abrir una nueva fundación, las despedimos siempre con cantos.

Yo me mantengo en contacto con todas las casas y con todas las Hermanas.

Las visito siempre que puedo.

Por supuesto que el número de visitas disminuye

en la misma proporción en la que van en aumento las fundaciones.

También escribo a menudo a las Hermanas.

Un obispo me preguntó si era verdad que no duermo más de tres horas al día.

Le contesté afirmativamente e insistió en preguntarme por qué lo hacía y cómo lo conseguía.

Le dije:

—No me queda más remedio. La noche es el único momento en el que puedo trabajar, pensar en las Hermanas, escribir y planificar mínimamente mi trabajo.

Cuando en septiembre de 1969 inauguramos nuestra casa en Melbourne, hubo quienes dijeron que en un país tan rico como Australia, con una legislación social tan avanzada, seguramente no habría trabajo para nosotras.

A su entender, no había allí arrabales de miseria, ni seres humanos abandonados, y, menos todavía, gentes que muriesen por las calles.

Les contesté:

—¡Cómo! ¿Que no hay trabajo en Australia para nosotras? ¿Y qué será de los delincuentes habituales al salir de la cárcel, de sus mujeres y de sus hijos? ¿Y qué me dicen de los drogadictos y de los alcohólicos? ¿Es que no son también ellos hijos de Dios, necesitados de consejo y de ayuda?

## «¡Por favor, no se entrometan!»

Somos muy humanas.

No nos faltan altibajos, como a todo el mundo.

Pero son pocas las que nos abandonan.

Creo que se podrían contar con los dedos de una mano —y acaso aún quedarían dedos sobrantes— las Hermanas que se nos han ido.

*Dónde y por qué abrimos nuevas casas* 97

Pedid por todas las que han pertenecido a la congregación: que Dios las siga protegiendo y las conserve en su amor.

No hagamos como el joven rico del Evangelio.

Jesús lo vio, lo miró con amor y quiso que le siguiese, pero él había entregado su corazón a sus riquezas.

Era rico, joven y robusto.

Jesús no lo podía llenar.

Por el contrario, debemos ser como Zaqueo.

Era un hombre pequeño, de baja estatura y era consciente de su pequeñez.

Sabiéndose bajo de estatura, tomó una decisión muy simple para poder ver a Jesús: se subió a un árbol.

Si no hubiera abierto su corazón para responder a Jesús de manera tan sencilla, Jesús no hubiera podido demostrarle su amor, no le hubiera podido decir: *Zaqueo, baja, que quiero comer en tu casa.*

Aquí radica el fundamento de todo, en las palabras de Jesús: *Aprended de Mí que soy manso y humilde de corazón.*

Algunos me sugieren que cambie algunas cosas.

Por ejemplo, llegan a decirme que debería permitir que las Hermanas tuviesen acondicionadores de aire en la sala de estar o en la capilla.

Pero yo no quiero que tengan aire acondicionado.

Los pobres a quienes tienen que servir tampoco lo tienen.

La mayoría de las jóvenes llegan de pequeñas poblaciones de la India, donde los acondicionadores de aire son desconocidos.

No está bien que se encuentren entre nosotras con comodidades de las que carecían en sus casas.

A veces tengo que decir a la gente:

—¡Por favor, no se entrometan en nuestras vidas!

Tomaba yo parte en una reunión de superioras generales en Roma, en la que no se habló más que de cambiar las estructuras de la sociedad, de trocar las circunstancias de vida.

Todo quedó en pura palabrería.

Nada se hizo en favor de los pobres, ni por anunciar la buena nueva de Cristo a aquellos que carecen de religión o que desconocen por completo a Dios.

Me sentí muy feliz cuando todo terminó.

Me habían insistido para que acudiera, pero la verdad es que me encontré como un pez fuera del agua.

### Dios nos «envicia» más...

Cuando no oigo más que críticas al sistema o a las estructuras sociales, experimento siempre cierta sensación de disgusto.

Mi respuesta en tales casos es ésta:

—Tenemos que empezar antes por cambiar a los hombres, por cambiarnos a nosotros mismos. Sí, porque somos nosotros quienes estamos equivocados, porque cometemos pecados y no nos amamos unos a otros. Ahí radica el origen de la infelicidad de tantos. El sufrimiento de unos es producido por la culpa de otros.

Por todas partes se dice que la Madre Teresa está enviciando a los pobres, dándoles las cosas de balde.

Con motivo de una reunión en Bangalore, una religiosa me recriminó:

—Madre Teresa, usted está enviciando a los pobres al darles las cosas de balde. De esa suerte, pierden su dignidad.

Dejé que todos se tranquilizasen, y dije con toda la calma:

—Nadie nos envicia tanto como Dios mismo. Fíjense en todos los dones que nos ha dado gratuitamente. Veo que nadie de los presentes lleva gafas. Sin embargo, todos ven. ¿Qué pasaría si Dios les cobrase por la vista? De continuo respiramos y vivimos de un oxígeno por el que no pagamos. ¿Qué ocurriría si Dios nos dijese: «Trabajas cuatro horas; tendrás dos de luz»? ¿Cuántos de nosotros, en tal hipótesis, lograríamos sobrevivir?

Luego añadí:

—Hay muchas congregaciones religiosas que envician a los ricos. No está mal que haya una para los pobres, aunque sea para enviciarlos...

Reinó un profundo silencio.

Nadie dijo media palabra.

### ¿El pez o la caña?

Más de una vez, algún periodista me ha hecho también reproches:

—Ustedes no hacen más que repartir comida entre los hambrientos, cuando lo que deberían hacer es ofrecerles medios para valerse por sí mismos. Deberían ofrecerles una caña y un anzuelo para ayudarles a ganarse ellos mismos la vida.

Yo les digo:

—Las gentes que recogemos por las calles o que nos traen a nuestras casas están demasiado débiles hasta para sostener una caña. Nosotras intentamos devolverles las fuerzas, de tal manera que puedan sostener una caña en sus manos.

Con motivo de una reunión de superioras de congregaciones religiosas, un sacerdote nos dirigió la palabra sobre un tema de actualización pastoral.

Una de las cosas que nos dijo fue que el valor de la obediencia ha variado y que ya han pasado los tiempos de seguir impartiendo órdenes con verbos en imperativo: «¡Vete!», «¡Ven!», «¡Haz esto!»

Nos explicó que ahora es necesario explicar, dar las razones de cada mandato y luego rezar para que éste se cumpla.

De vuelta a casa, llamé a una Hermana y actué de acuerdo con las sugerencias de aquel sacerdote.

Pedí a la Hermana que fuese a un determinado lugar, tratando de explicarle las razones de mi ruego.

La Hermana se echó a llorar y dijo :

—Madre, yo no estoy aquí para ser tratada de esa manera. Dígame adónde tengo que ir y lo haré sin exigir razones.

Cuando me encontré de nuevo con el sacerdote, le expliqué lo ocurrido.

Él me dijo:

—Bien. Si entre ustedes es así, no tienen por qué cambiar.

## Compartir con los pobres

Nuestra finalidad no consiste en recoger dinero, ni nos dedicamos a pedir dinero a la gente.

Nos proponemos más bien recaudar la moneda del amor, empezando en primer lugar por el ambiente en el que nos encontramos, por las personas que tenemos más cerca: es un amor que luego esparcimos en todo nuestro entorno.

Por eso estamos interesadas en proteger nuestra labor, que es una verdadera misión, de todo lo que pudiera ofrecer la apariencia de que somos un grupo de personas cuya finalidad es recaudar fondos.

Nosotras no queremos que la gente dé aquello que le sobra.

Ofrecemos a las gentes la oportunidad de amarse unas a otras.

No me cansaré de repetir algo que ya he dicho en otras ocasiones: yo quisiera que cada vez fuese mayor el número de personas que brindan sus manos para ofrecer servicio y sus corazones para amar, tratando de descubrir a los pobres en sus propios hogares, en sus ciudades y países, ofreciéndoles amor y generosidad, y dando allí donde la necesidad es mayor.

Todos deberíamos sentir la alegría y libertad de la pobreza, y compartir la alegría de amar.

No me ha de ser fácil olvidar algo que observé y viví cuando todavía me encontraba entre las Hermanas de Nuestra Señora de Loreto.

Había una niña muy traviesa, de no más de seis o siete años de edad.

Un día en que parecía más agitada que de costumbre, la tomé de la mano y le dije:

—Ven, vamos a dar un paseo.

Llevaba consigo unas monedas. Con una mano se sujetaba a la mía. En la otra llevaba bien apretada su calderilla.

—Me quiero comprar esto y lo otro —iba planeando.

De improviso, tropezamos con un mendigo ciego: ella le entregó su dinero.

A partir de aquel día, se convirtió en una niña totalmente distinta.

Había sido tan menuda como ruin. Pero aquella decisión cambió su vida.


**Damos poco, recibimos mucho**

Es mucho lo que se nos da, y mucho, por ello, lo que ponemos a disposición.

Nosotras vivimos al día, fiadas de la Divina Providencia.

Experimentamos la alegría y la libertad de la pobreza.

Queremos sentir la alegría de compartir.

Experimentamos íntimamente el deber de seguir con fidelidad la intención de quienes nos ofrecen donativos.

La generosidad despierta alegría.

Ser colaboradores significa compartir con nuestros vecinos de al lado. Compartir, como lo hizo una madre de familia de religión hindú.

Le acababa de llevar yo un poco de arroz para que pudiese matar el hambre atroz de sus hijos, y ella corrió inmediatamente a ofrecer una porción del mismo arroz a una familia de musulmanes que vivían enfrente.

## Confesiones sin absolución

En 1977 estuve en México, donde acabábamos de abrir una casa el año anterior.

Cuando las Hermanas salen por las calles, las gentes no les piden vestidos, ni tampoco les piden alimentos.

Les piden: «Enséñennos la palabra de Dios.»

Es decir: las gentes no piden que se las escuche.

¿No os parece algo maravilloso que las gentes tengan hambre de escuchar la palabra de Dios?

Por supuesto, los católicos en México han estado sometidos a persecución. Acaso este anhelo derive de ello.

Sigue ocurriendo que sacerdotes y monjas tienen prohibido llevar vestidos clericales o religiosos.

Nuestras Hermanas van por las calles con su hábito (nadie sabe en México qué es el sari). Encima, llevan la cruz.

En América Latina las Hermanas llevan a cabo tareas importantes, dada la gran escasez de sacerdotes: predican, dirigen la oración, distribuyen la Eucaristía. Lo único que no hacen es celebrar la Santa Misa.

Hasta... oyen confesiones sin parar.
Sólo que... ¡no pueden dar la absolución!

## Jesús en la Eucaristía

Cristo afirmó estar presente en la Eucaristía cuando dijo: *Tomad y comed. Este es mi cuerpo, que será entregado por vosotros. Tomad y bebed de este cáliz de mi sangre, que será derramada por vosotros. Hacedlo en conmemoración Mía.*

A mí no me cuesta creer en la presencia real de Nuestro Señor en la Sagrada Eucaristía.

Un sacerdote recién ordenado acudió a dar una conferencia a las Hermanas.

Dio la casualidad de que también yo estaba presente.

Aquel sacerdote puso en tela de juicio algunas de nuestras creencias tradicionales.

Dijo, por ejemplo, que no era el caso de hacer la genuflexión ante el Santísimo cuando se acude a la iglesia fuera del tiempo de la Misa, puesto que la presencia de Cristo se limita a los momentos de la Misa y de la Comunión.

Atacó también la idea de nuestra obediencia religiosa y se mofó de nuestras devociones tradicionales.

Habló de esta manera durante una hora, aproximadamente.

Cuando terminó, lo acompañé hasta la puerta, le di las gracias y le dije que no era necesario que volviese de nuevo.

A continuación, regresé a la sala y dije a las Hermanas:

—Acabáis de escuchar, Hermanas, lo que dice un joven sacerdote carente de experiencia. Son sus ideas y las de un reducido grupo de otros jóvenes. Ahora os voy a exponer la doctrina tradicional de la Iglesia sobre estos mismos temas.

Y a lo largo de una hora fui refutando todo lo que él había dicho.

Al oírme hablar sobre el tema de la confesión, una vez un periodista me dirigió una pregunta un poco extraña:

—¡Cómo, Madre Teresa, no me diga que también usted tiene que confesarse!

Le constesté:

—Desde luego. Lo hago todas las semanas.

Él dijo:

—Demasiado exigente tiene que ser Dios si todos os tenéis que confesar...

Yo le razoné:

—Supongo que su hijo hará a veces alguna trastada. Si tras hacerla acude a usted y le dice: «Lo siento, papá», ¿qué hace usted? Imagino que lo mismo que haría un buen padre: le pone la mano sobre la cabeza y le da un beso. Es su manera de demostrarle que lo ama. Dios hace lo mismo con todos nosotros porque nos ama con ternura.

### «¡Tráiganme a un sacerdote!»

Soy una convencida sobre la necesidad y eficacia del sacramento del Bautismo.

Algunos sacerdotes, imbuidos de ideas modernas, me dicen que estoy equivocada.

Yo les contesto:

—Evitemos las discusiones. Ni ustedes me van a convencer a mí ni yo les convenceré a ustedes.

Por nuestra parte, estamos muy decididas a seguir bautizando a cuantos expresen el deseo de recibir este sacramento.

*Dónde y por qué abrimos nuevas casas*

Nuestras Hermanas, en Roma, están llevando a cabo una labor maravillosa.

Visitan las viviendas de los pobres. Lavan, barren, friegan, cosen y preparan la comida para aquellos que se encuentran incapacitados de hacerlo por sí mismos.

En uno de sus recorridos, tropezaron con un hombre con apariencias de haber conocido tiempos mejores.

En la actualidad, vivía solo.

Al encontrarse enfermo, las Hermanas hicieron todas esas labores por él y siguieron visitándolo a diario.

Un día les dijo:

—Hermanas, ustedes han traído a Dios a mi casa. Tráiganme también a un sacerdote.

Llevaron a un sacerdote, que lo escuchó en confesión (aquel buen anciano llevaba sesenta años sin confesarse).

Al día siguiente, murió en la paz del Señor.

Narré este episodio con motivo de una reunión celebrada en Estados Unidos en la que me pidieron que interviniera.

A su término, un sacerdote se me acercó y me dijo:

—Ya había decidido abandonar el sacerdocio. Hasta había mandado una carta de dimisión al obispo. Tras escuchar lo que usted ha dicho, anularé dicha dimisión y continuaré al servicio de las almas, como sacerdote de Cristo.

## Capítulo 4

# EL TRABAJO DE LOS COLABORADORES

**Hacerlo todo por Él**

Es algo que digo a las Hermanas y que me digo a mí misma:

—Cuanto más repugnante aparezca el trabajo, mayor deberá ser nuestra fe y nuestro amor al realizarlo. Experimentar esa repugnancia es lo más natural del mundo, pero superarla por amor de Jesús nos hace heroicas. Ha ocurrido a menudo en las vidas de los santos que ese sobreponerse heroicamente a la repugnancia los ha empujado a las cumbres de la santidad. Tal fue el caso, por ejemplo, de San Francisco de Asís. Cuando una vez se encontró con un semejante completamente desfigurado por la lepra, retrocedió con horror. Pero se sobrepuso al instante, y besó aquel rostro horrible. El resultado de ello fue que Francisco se sintió plenamente invadido de una indescriptible alegría. Se sintió dueño de sí mismo y el leproso se fue, dando gracias a Dios por su curación.

Pienso que tenemos que adoptar la firme resolución de alcanzar la santidad.

Santa Teresa asegura que el diablo teme mucho a las almas decididas.

La clave está toda en estas dos expresiones: «¡Quiero!» «¡No quiero!»

Debemos concentrar toda nuestra energía en ese «¡Quiero!»

San Juan Berchmans, San Estanislao de Kostka, Santa Margarita María Alacoque y otros dijeron ese «¡Quiero!» y llegaron a ser santos.

¿Qué es un santo más que un alma decidida, un alma que aúna fuerza de voluntad y acción?

¿No es esto lo que quiso decir San Pablo al afirmar: *Todo lo puedo en Aquel que es mi fuerza?*

Por eso les hablo así a mis Hermanas:

—Queridas Hermanas, no me doy por satisfecha con que seáis buenas religiosas. Quiero ofrecer a Dios un sacrificio perfecto. Sólo la santidad hace perfecta la entrega.


## Mis «dobles»

Yo tengo tres «dobles», que están al frente de grupos de colaboradores que trabajan al lado de nuestro instituto.

En conjunto forman tres ramas: los llamados propiamente colaboradores, los colaboradores enfermos y los contemplativos y contemplativas [1].

Al frente de los colaboradores está la señora Ann Blaikie, que es inglesa.

Son unos ciento cincuenta mil seglares.

---

[1] Con posterioridad a esta alusión hecha por la Madre Teresa, ella misma establecería otras ramas diferenciadas de colaboradores, asignándoles funciones específicas: por ejemplo, los sacerdotes colaboradores (cuando la Madre Teresa habló al Papa de su deseo de establecer dicha rama, Juan Pablo II le pidió que le consintiese encabezar la lista de tales colaboradores). También existen los colaboradores jóvenes. Y los colaboradores sanitarios. Por supuesto que, dentro de su particularidad «profesional», la misión de cada uno de estos grupos es coincidente en el amor y el servicio generoso a los pobres más pobres por amor de Cristo, que se identifica con ellos.

En el Reino Unido hay unos diez mil. Veinte mil en Estados Unidos. Varios miles en Bélgica, Francia, Alemania, Austria, Suecia, Suiza, Australia, Italia, España, etc. [2]

Los colaboradores se reúnen con regularidad.

Rezan por nosotras y también preparan medicamentos y ropas u otras cosas de las que tenemos necesidad para nuestros dispensarios y para los niños pobres.

Lo que más importa es que trabajan por amor de Dios.

En algunas partes han empezado a organizar horas santas de adoración por nuestro trabajo. Meditan, rezan...

En los encuentros de colaboradores, yo les digo siempre que lo primero que tienen que hacer es practicar la caridad en sus propios hogares; luego, con sus vecinos, en la población o barrio donde viven, en su país y, por último, en el mundo entero.

Pero eso es lo principal: tratar de que en el propio hogar reinen el amor y la comprensión.

El amor entre los componentes de un hogar trae consigo la felicidad.

Antes de emprender este viaje, presidí una reunión de colaboradores en Calcuta y les dije:

—La santidad no es un lujo de unos pocos. Todos estamos invitados a ser santos.

Entre los que me escuchaban, había gentes de religión hindú, musulmanes, parsis y cristianos.

---

[2] Puesto que la condición de colaborador responde mucho más a requisitos de naturaleza espiritual que meramente jurídica (capacidad de ver a Dios en los pobres, y amarlos y servirlos), está totalmente descartada cualquier veleidad de contabilizar su número. En todo caso, su aumento y expansión es creciente, hasta el punto de que acaso no queden muy por debajo del cuarto de millón.

Parecieron escuchar con agrado.

Desarrollé el tema a partir de esta idea: la santidad consiste en amar a Dios y a los hombres. No es, por consiguiente, un lujo reservado para unos cuantos. Todos estamos invitados a ser santos.

La santidad empieza en el hogar, amando a Dios y a todos cuantos nos rodean, por amor suyo.

## La vid y los sarmientos

Entre los colaboradores hay de todo: gente famosa y otros que no lo son.

En cada país tenemos un jefe o presidente. Pero yo prefiero emplear una denominación más sencilla: me gusta la palabra «enlace» o «coordinador».

Jesús dijo: *Yo soy la vid, y vosotros, los sarmientos...*

Cada uno de nosotros deberíamos ser como un sarmiento.

La congregación de las Misioneras de la Caridad es el sarmiento y los colaboradores son a manera de tallos menudos unidos al sarmiento. Todos juntos estamos unidos con Jesús.

Esa es la mejor imagen de lo que representamos en el mundo.

Los diferentes «enlaces» esparcidos por los varios países del mundo están unidos con el único sarmiento constituido por las Misioneras de la Caridad, y, a su vez, las Misioneras de la Caridad están unidas a Jesús.

Las Misioneras y Misioneros de la Caridad deberían estar unidos entre sí y con Jesús.

Pero no olvidemos que el punto está en el sarmiento.

La unión de los colaboradores entre sí y con las Misioneras y Misioneros de la Caridad constituirá una presencia muy importante en el mundo.

## «No pidáis dinero a la gente»

En 1976 [3], entre los días 15 y 16 de agosto, tuvimos en Lippstadt, Alemania, un encuentro internacional de colaboradores.

Los había de muchos países.

Uno de los aspectos más logrados fue el hospedaje, que corrió totalmente a cargo de familias alemanas.

Pero también los restantes aspectos de la reunión salieron muy bien.

En Lippstadt dije a los reunidos:

—Tenemos que poner todo empeño en que nuestro trabajo sea una obra de amor, y para poderlo mantener así ha de ser sobre una base de sacrificio.

Como bien sabéis, nuestras Hermanas hacen voto de entregarse de todo corazón al servicio generoso de los pobres más pobres y, merced a este voto, depositamos toda nuestra confianza en la Divina Providencia.

Nosotras no aceptamos retribución alguna por el trabajo que llevamos a cabo, ni mucho menos constituimos una organización para recaudar fondos.

---

[3] Después del encuentro de Lippstadt, los colaboradores volvieron a reunirse en una asamblea internacional los días 15 y 16 de mayo de 1982 en Roma. Estuvieron presentes representantes de treinta y cinco países. Cabe decir que la Madre Teresa es contraria a los grandes —y pequeños— encuentros movidos por criterios de organización. Justamente con motivo de la asamblea celebrada en Roma, dijo a los presentes:

—Confío en que los colaboradores no se conviertan en una organización más. Solemos decir que las Misioneras de la Caridad constituimos la organización más desorganizada. A veces pienso que efectivamente somos muy desorganizadas, pero también creo que justamente por eso podemos movernos con mayor libertad, sin todo un peso de reglamentos que nos lo impidan.

En mayo de 1988 se celebró otro encuentro de colaboradores en París, en el que la Madre Teresa designó a la coordinadora de Sudáfrica en sustitución de la señora Ann Blaikie. Sin una periodicidad fija, los encuentros de colaboradores se siguen celebrando aproximadamente cada cuatro o cinco años.

Tenemos que llevar a cabo la obra de Dios con amor y con sacrificio, si es menester.

Por eso tenemos que aclarar que todo el dinero, alimentos, medicinas y demás donaciones que recibimos, ha de emplearse exclusivamente para los pobres atendidos por las Misioneras de la Caridad.

Esto constituye un acto de justicia hacia los pobres, en cuyo nombre aceptamos tales donativos.

Preferiría que os abstuvieseis de pedir a la gente que contribuya con una cantidad fija semanal o mensual.

Tampoco en la India lo permito.

Dependemos de la Divina Providencia, y no me gustaría que las gentes tuviesen la impresión de que lo que nos interesa es su dinero.

También los colaboradores deben depender de la Divina Providencia.

Si la gente ofrece dinero voluntariamente, bendito sea Dios; pero, por favor, evitad los compromisos a plazo fijo, que os obligarían a perder tiempo en recaudar dinero y estarlo contabilizando.

Y no os andéis con anuncios, ni escribiendo cartas para pedir dinero o tomando iniciativas destinadas a la venta.

Debemos llevar el espíritu de sacrificio a las vidas de las personas.

Creo que es así como nos quiere Jesús, y no me cansaré nunca de repetirlo.

Ofrezcamos todos nuestros actos por la gloria de Dios y pidámosle que nos ayude a convertirnos en instrumentos de paz, de amor, de bondad.

Quiero insistir en una cosa: en que convirtamos nuestro trabajo por los pobres en un trabajo de amor. Pero, para que podamos conseguirlo, tenemos que cultivar en nosotros el espíritu de sacrificio.

No aceptamos recompensa material alguna por nuestro trabajo, ni queremos convertirnos en una organización para recaudar fondos.

## Quiénes son los «pobres más pobres»

Los colaboradores se rigen por un estatuto propio, aprobado por Pablo VI el 29 de marzo de 1969.

Según dicho estatuto, «el colaborador elige una forma de vida que lo lleva a ver a Dios en cada ser humano. Viendo a Dios en cada persona, empezando cada uno por aquellos que tiene más cerca, uno se siente dispuesto a compartir con los que están solos, con los enfermos, los afligidos, los necesitados y aquellos a los que nadie ama ni desea».

El estatuto dice también:
«La asociación internacional de colaboradores consta de hombres, mujeres, jóvenes y niños de cualquier religión o raza, del mundo entero, que tratan de amar a Dios a través de sus prójimos mediante un servicio generoso y gratuito a los pobres más pobres, de cualquier casta y religión, y que se esfuerzan por unir cada vez más sus vidas, en espíritu de oración y de sacrificio, con la obra de las Misioneras y Hermanos Misioneros de la Caridad.»

Los pobres más pobres a quienes los colaboradores, al igual que los Hermanos y Hermanas Misioneras de la Caridad, se comprometen a reconocer, amar y servir con un servicio cordial, libre y gratuito, aparecen definidos en el estatuto como «los que padecen hambre, sed, los que sufren desnudez, los que carecen de un techo bajo el cual cobijarse, los ignorantes, los presos, los mutilados, los leprosos, los alcoholizados, los drogadictos, los moribundos abandonados, los desposeídos, los que no tienen quien los ame, los abandonados, los marginados, todos los que se sienten considerados como un peso para la sociedad, todos los que han perdido toda esperanza y fe en la vida».

## Jacqueline de Decker

Existe también la rama de los colaboradores enfermos y sufrientes, a cuyo frente está la señorita Jacqueline de Decker, que es mi segunda «doble».

El ya mencionado estatuto dice: «Los colaboradores enfermos y sufrientes, al igual que todos aquellos que no están en condiciones de sumarse a las actividades, pueden unirse espiritualmente con un Hermano o Hermana mediante el ofrecimiento de sus oraciones y sufrimientos por dicho Hermano o Hermana.»

Jacqueline de Decker estuvo trabajando en la India durante algunos años. Ahora está en Bélgica. Ha tenido que someterse a casi una treintena de operaciones quirúrgicas.

En una ocasión me escribió: «Sé que está a punto de recibir un gran favor del cielo, porque últimamente han aumentado mis dolores.»

Jacqueline de Decker ofrece sus sufrimientos por el trabajo de las Misioneras de la Caridad.

A su vez, se ha encargado de coordinar a varios miles de personas, que también ofrecen sus sufrimientos por el éxito espiritual del trabajo de las Hermanas.

Me encontré por primera vez con la señorita Jacqueline de Decker en el hospital de la Sagrada Familia de Patna, adonde me había trasladado tras dejar el convento de Loreto, en 1948.

Jacqueline hubiera querido trabajar con nosotras, ingresando en nuestra congregación religiosa, pero su salud no se lo permitió, y se vio obligada a regresar a Bélgica, tras dos años de permanencia en la India [4].

---

[4] La aventura espiritual y humana de Jacqueline de Decker ocupa varias páginas de un libro de Katryn Spink (*A chain of love*, SPCK, Londres, 1984). Vale la pena transcribir algunos párrafos del mismo (pág. 7): «Jacqueline y la Madre Teresa descubrieron,

Al poco del regreso de Jacqueline a Bélgica, en 1952, le escribí una carta diciéndole:

«Me propongo decirte algo que estoy segura de que te hará muy feliz. ¿Por qué no unirte espiritualmente a nuestra congregación? En tanto nosotras realizamos nuestra labor en los suburbios, etc., tú puedes compartir el mérito, las oraciones y el trabajo mismo por medio de tus sufrimientos y oraciones. El trabajo es enorme. Yo tengo necesidad de colaboradores en el trabajo, es verdad, pero necesito igualmente almas que, al igual que tú, recen y ofrezcan sus sufrimientos por el trabajo

---

tras su encuentro en Patna, que compartían el mismo ideal. Jacqueline concibió la ilusión de entrar a formar parte de la nueva congregación de la Madre Teresa, pero su estancia en la India le había revelado varios problemas de salud. A la edad de quince años había sufrido un accidente de circulación. De momento, los médicos no alcanzaron a descubrir toda la seriedad de sus heridas, pero el clima y las incomodidades de la India contribuyeron a agravar el problema y acrecentar sus sufrimientos. Se decidió por ello que como primera cosa volviese a Amberes, para someterse a un tratamiento. Una vez en Bélgica, se descubrió que padecía una seria enfermedad de columna, complicada ulteriormente por la tendencia de su cuerpo a producir tumoraciones. Un día, mientras estaba dando un masaje a una amiga enferma, advirtió los primeros síntomas de una parálisis en los brazos. Se le paralizaron igualmente un ojo y una pierna, la derecha. Le advirtieron que el único medio que tenía para evitar la parálisis total era someterse a una serie de operaciones. Se le aplicaron prótesis en la nuca y en dos partes más de su cuerpo. Transcurrió un año entero con todo su cuerpo escayolado, y seguidamente, en el espacio de un mes, hubo de someterse a doce prótesis para sus vértebras. Poco a poco quedó claro que Jacqueline jamás iba a poder estar en condiciones de regresar a la India y que su entrega sin reservas a los pobres de la India y a lo que ella había creído firmemente ser la voluntad de Dios a su respecto, no lo iba a ser. De entrada, semejante constatación no dejó de producirle amargura, entremezclada con una sensación de fracaso personal, pero también la predispuso para una entrega total a una voluntad de Dios incomprensible para el razonamiento humano, al propio tiempo que le demostró, con mucha mayor elocuencia, que de toda experiencia humana, por muy aparentemente negativa que se nos presente, es posible sacar consecuencias positivas y constructivas.»

mismo. ¿No querrías convertirte en hermana mía y en Misionera de la Caridad, permaneciendo con el cuerpo en Bélgica, pero con el alma en la India y en el mundo entero, donde haya almas que suspiran por Nuestro Señor, pero que no se sienten capaces de ir hacia Él a falta de alguien que satisfaga su deuda? Tú serás así una verdadera Misionera de la Caridad, pagando por su deuda, en tanto las Hermanas —¡tus hermanas!— les ayudan a acercarse a Dios con el cuerpo.

Pide por esta intención y hazme conocer tu decisión. Yo tengo necesidad de muchas personas como tú, que de esta suerte se asocien a la congregación, ya que mi deseo es contar con: 1) una congregación gloriosa en el cielo; 2) la congregación que sufre en la tierra —los hijos espirituales—; y 3) la congregación militante: las Hermanas que están en el campo de batalla.

Estoy convencida de que te sentirás feliz de ver a las Hermanas combatiendo contra el mal en el campo de las almas. Nuestro Señor tiene por fuerza que quererte mucho, cuando te ofrece compartir una porción tan grande de sus sufrimientos. Tú eres bienaventurada, porque Dios te ha elegido. Sé buena y generosa y hazme un sitio en tu corazón, para que pueda llevar muchas almas a Dios. Cuando entras en contacto con las almas, la sed aumenta día a día.»

## Los colaboradores enfermos

Gracias a la generosidad de Jacqueline, se constituyó el primer grupo de colaboradores enfermos y sufrientes.

Entonces dirigí a Jacqueline y a los demás esta nueva carta:

«Me hace feliz que estéis deseosos de uniros a los miembros que sufren de las Misioneras de la Caridad. Vosotros, tú, Jacqueline, y todos los demás enfermos y sufrientes, tomaréis parte en todas nuestras oraciones y trabajos y en todo lo que hagamos por las almas: vosotros mismos, a través de vuestras oraciones y sufrimientos, hacéis otro tanto.

Como sabéis, el objetivo de la congregación consiste en saciar la sed que Jesús en la Cruz tiene del amor de las almas, trabajando por la salvación y santificación de los pobres en los arrabales.

¿Quién podría hacer más bien que tú, Jacqueline, y todos los demás que como tú sufren? Tus sufrimientos y oraciones serán como el cáliz en el que nosotras, miembros activos, dejamos gotear el amor de las almas que vamos reuniendo. Por ello, vosotros sois tan importantes y necesarios como nosotras en orden al cumplimiento de nuestro objetivo. Para saciar la sed de Jesús, nosotras tenemos que ser como un cáliz, y tú y los demás, hombres, mujeres, niños, viejos y jóvenes, pobres y ricos, sois los bienvenidos para hacer ese cáliz.

Hijitos míos: amemos a Jesús con todo nuestro corazón y con nuestra alma entera. Llevémosle muchas almas. No dejéis de sonreír. Sonreíd a Jesús en vuestros sufrimientos. Para ser Misioneros de la Caridad auténticos, tenéis que ser víctimas de amor. Cuán hermosa resulta vuestra vocación: ser heraldos del amor de Dios en los suburbios... Todos permanecemos en pie, sosteniendo el mismo cáliz y, de esta suerte, junto con los ángeles en actitud de oración, saciamos la sed que Cristo tiene de las almas.

Me siento muy feliz por teneros a vosotros todos. Vosotros me pertenecéis, os tengo cerca de mi corazón, igual que lo está cada una de las Hermanas de mi comunidad. A menudo, cuando el trabajo es más arduo, pienso en cada uno de vosotros y pido a Dios: Posa Tu mirada sobre estos hijos míos que sufren y, por amor de ellos, bendice mi trabajo. Tengo la impresión de que esta plegaria produce frutos inmediatos. Como veis, sois nuestra caja de caudales.»

## Colaboradores de vida contemplativa

Mi tercer «doble» es un sacerdote francés, el padre Georges Gorrée [5], que se encarga de coordinar la rama de los colaboradores de vida contemplativa.

Se trata, por lo general, de religiosas de clausura, que ofrecen apoyo espiritual a la obra de las Misioneras de la Caridad por medio de sus oraciones y sufrimientos.

Hay varios centenares de monasterios de clausura esparcidos por el mundo entero que están unidos, mediante un gemelaje espiritual de oraciones, cada uno de ellos con una comunidad de Hermanos o Hermanas Misioneros de la Caridad.

Nuestro trabajo sería inútil si no estuviese fecundado por la oración y el sacrificio nuestro y de nuestros colaboradores.

Pero la mejor ayuda la recibimos de los bautizados pobres que han muerto en nuestros hogares y han ido directamente al cielo.

Nuestros ayudantes más eficaces son los 40.000 residentes de nuestros Hogares del Moribundo que han entregado sus almas a Dios tras haber hecho un acto de amor perfecto a Él, poniéndose totalmente en sus manos.

Todos ellos interceden ahora por nosotras y por nuestro trabajo.

De ahí vienen muchas gracias a nuestro apostolado.

---

[5] El padre Gorrée constituyó en Francia una fundación denominada *Amis de Mère Teresa* (Amigos de la Madre Teresa). Hasta su muerte, ocurrida en enero de 1977, fue también coordinador entre los conventos de clausura y las Misioneras de la Caridad. Posteriormente, la Madre Teresa nombró para ese cargo a la Hermana Nirmala, Misionera de la Caridad afincada en la casa del Bronx, Nueva York. Al padre Gorrée le sucedió el abate Daleau. En Francia la obra de la Madre Teresa ha prendido muy bien, y así lo demuestra la generosidad que despierta y el espléndido florecimiento de vocaciones para Misioneras de la Caridad (en 1988 eran cerca de una veintena de profesas de nacionalidad francesa).

## Capítulo 5

# LA POBREZA ES NUESTRA RIQUEZA

**Pobreza de muchos
y despilfarro de algunos**

Todo lo recibimos gratuitamente, y gratuitamente, también, lo damos todo, por amor de Dios.

Nuestras gentes, los pobres, son personas llenas de grandeza.

Ellos nos dan mucho más, y mayor alegría, a través de la aceptación de las pequeñas cosas que nosotras les ofrecemos, que lo que nosotras les damos a ellos.

Nuestra vida de pobreza es tan necesaria como el trabajo mismo.

Dios es siempre previdente y provisor.

Él proveerá siempre.

A pesar de que no disponemos de entradas, de sueldos ni de seguros, así como tampoco de manutención eclesiástica, jamás nos hemos visto precisadas a rechazar a nadie por falta de medios.

Nunca me he visto en necesidad de ello: sin embargo, acepto siempre lo que la gente me da para los pobres.

No necesito nada personal para mí misma, pero jamás rechazo lo que la gente me ofrece; lo acepto todo.

Alguna razón habrá para que algunos dispongan de lo suficiente para vivir confortablemente. Es posible que lo hayan conseguido por medio de su trabajo.

Existen dos clases de pobreza.

Tenemos, en primer lugar, la pobreza referida a las cosas materiales.

Tal es el caso, por ejemplo, de la India y de Etiopía, o de otros países donde las gentes padecen hambre. Y no sólo de pan: hambre real y verdadera.

Pero existe un hambre mucho más profunda y sentida.

Se trata del hambre de amor y de esa tremenda soledad de sentirse rechazados, no amados, de verse despreciados y abandonados por todos.

Son personas con las que todos podemos encontrarnos (se les suele llamar marginados): personas que viven y duermen en las calles de Londres, de París, de Roma, de Milán, de Madrid, de Amsterdam, de Tokio, de Nueva York...

A veces, personas que viven en casas de su propiedad.

Hasta es posible que exista esa clase de desamor y de falta de cariño en nuestros propios hogares.

Todos podemos conocer a alguien que está condicionado de esa suerte y a quien nadie dedica el menor cuidado.

## Pobreza material y pobreza espiritual

En alguna ocasión, los periodistas me han preguntado:

—Siendo así que en la India existe una pobreza tan grande, ¿cómo se le ocurre a usted, Madre Teresa, enviar a sus Hermanas a países menos necesitados?

Para esa pregunta yo tengo siempre a flor de labios una contestación, que es la siguiente:

—La pobreza de Occidente es mucho peor que la pobreza material de la India. ¿Por qué razón deberíamos limitar nuestra labor de apostolado a un solo país, cuando también otros nos llaman?

Repito que existen dos clases de pobreza.

En la India hay personas que viven y mueren en medio del hambre.

Allí, incluso un puñado de arroz resulta precioso.

En los países de Occidente no existe pobreza material en el sentido que damos a esta expresión. No hay nadie en tales países que se muera de hambre. Nadie llega a padecer un hambre del tenor de la que sufren muchos en la India.

Pero en Occidente existe otro género de pobreza: la pobreza espiritual, que es mucho peor.

Las gentes no creen en Dios, no rezan.

Las gentes se vuelven la espalda unas a otras.

En Occidente existe la pobreza de las personas que no están satisfechas con lo que tienen, que no saben sufrir, que se abandonan a la desesperanza.

Esta pobreza del corazón es a menudo más difícil de socorrer y de remediar.

En Occidente son más numerosos los hogares rotos y los niños abandonados, y el divorcio alcanza niveles mucho más elevados.

Me encontraba en Japón y descubrí, mientras caminaba por una calle de Tokio, a un hombre borracho que yacía a un lado de la misma calle.

Hablando a un grupo de colaboradores, dije:

—Ustedes son un país rico, pero en una de sus calles he visto a un hombre yaciendo borracho sin que nadie se preocupara de recogerlo, sin que nadie mostrara interesarse nítidamente por él, sin que nadie intentara reconocer su dignidad humana, sin que nadie tratase de hacerle tomar conciencia de su condición de hermano, de hijo de Dios.

## La lección de los pobres

Los pobres nos enseñan con su pobreza.

Nos enseñan a tener fe y paciencia en los sufrimientos.

Para nosotras constituye un verdadero privilegio poderlos servir.

En ellos, que constituyen la imagen sufriente de Cristo, podemos ofrecer consuelo a Cristo mismo: a Cristo que sufre en sus hermanos.

Pero, para poder servir adecuadamente a los pobres, tenemos que comprenderlos, y para comprender su pobreza, tenemos que experimentarla.

Trabajando por ellos, podemos llegar a identificarnos mejor con los pobres.

Nuestras Hermanas tienen que sentirse como ellos, sentir su pobreza ante Dios, tomar conciencia experimental de lo que significa vivir sin seguridad, dependiendo de Dios para el mañana.

Yo digo a las Hermanas y a nuestros colaboradores que tenemos que reconocer la dignidad de los pobres, respetarlos, estimarlos, amarlos, servirlos.

Tenemos contraída una gran deuda de gratitud con los pobres. Pienso a menudo que es a ellos a quienes más debemos, porque ellos, con su fe, con su resignación y con su paciencia en los sufrimientos, nos ofrecen una lección muy importante.

Los pobres nos permiten que los sirvamos y que, a través de ellos, sirvamos a Jesús.

Una vez, poco después de que me fuera concedido el premio Nobel de la Paz, me estaban tributando un homenaje y me hacían espléndidos regalos para nuestros pobres.

Se me acercó también un mendigo y me dijo:

—Madre Teresa, veo que todos le hacen regalos, y también yo le quiero regalar algo: acepte esto. Es todo lo que he recaudado hasta este momento.

Creo que se trató de una cantidad muy pequeña, acaso el equivalente a unas pesetas.

Pero el donativo de aquel mendigo me produjo mayor alegría que los ricos presentes de los demás, porque él me ofreció todo lo que tenía, mientras los demás dieron lo que les sobraba.

## La mayor enfermedad

La mayor enfermedad de nuestros días no es la lepra o la tuberculosis, sino más bien la experiencia y sensación de no sentirse amados, protegidos, sino, por el contrario, de sentirse rechazados por todo el mundo.

El mayor de los males es la falta de amor y de caridad, la tremenda indiferencia de cada uno hacia sus propios vecinos, hacia aquellos que viven en la acera de enfrente y permanecen víctimas de la explotación, de la corrupción, de la pobreza y de la enfermedad.

Resulta fácil pensar en la pobreza que hay muy lejos de nosotros y, al instante, olvidarnos de ella.

La más grave enfermedad de nuestros días no es la lepra, la tuberculosis o el cáncer, sino la sensación de esa soledad insoportable, de saberse no queridos, de haber olvidado qué es la alegría humana, qué es el sentimiento, también humano, de ser amados y queridos.

Creo que situaciones así se viven también en familias que, por otra parte, no carecen de bienes materiales, y hasta los tienen en abundancia.

En todas partes existe un hambre muy fuerte y un sentimiento profundo de desamor, y en ellos subyace una inmensa pobreza real.

En los países de Occidente no se supone que exista hoy día verdadera hambre.

Ni se supone que exista, quizá, esa soledad tremenda por parte de las personas.

Pero también aquí, y hoy, el hambre no consiste en la necesidad de un trozo de pan.

Aquí, y hoy, existen hambre de Dios y hambre de amor.

La desnudez no es sólo la carencia de prendas de vestir, sino de esa dignidad humana de la que hemos despojado a nuestras pobres gentes, dándoles el trato de seres inútiles, de ladrones, de haraganes y perezosos.

Nosotras no tenemos necesidad de que nos hagan publicidad.

La obra de Dios ha de llevarse a cabo a su modo.

Dios posee su manera propia de dar a conocer su obra.

Tenéis un ejemplo de ello en lo que ha ocurrido en todo el mundo, y en cómo han sido acogidas las Hermanas en lugares donde nadie tenía el menor conocimiento de ellas.

Han sido bien acogidas en lugares donde muchas otras personas de nuestra misma condición encuentran dificultades para trabajar y vivir.

En esto veo la mano de Dios, tratando de demostrar que la obra es suya.

## La Providencia nunca nos ha fallado

Por lo que atañe a los medios materiales, nosotras dependemos por completo de la Divina Providencia.

Jamás hemos tenido que rechazar a nadie.

Siempre ha habido un lecho más, un plato más de arroz, una manta más para dar calor.

Nosotras tomamos a Dios por la Palabra.

Dependemos totalmente de la Providencia Divina, que nos llega generosamente, por amor de los pobres.

A través de nosotras, Dios se preocupa de sus pobres.

Dios ha evidenciado, a través de tantos detalles aparentemente pequeños, su preocupación y su ternura por los pobres.

Nos sentimos abrumadas de razones para aceptar al pie de la letra lo que Jesús ha dicho: para su Padre celestial, los seres humanos somos más importantes que los pájaros del cielo y las flores del campo.

Si dispusiese de horas y horas para contarlo, tendría miles de pruebas que exhibir sobre la tierna bondad y delicadeza de Dios hacia sus pobres.

Nosotras tratamos con miles y miles de personas. Pues bien, todavía tiene que presentarse la primera ocasión en que nos veamos precisadas a confesar a alguien:

—Lo sentimos: no tenemos nada que darte...

En Calcuta, nos hacemos cargo diariamente de más de treinta mil personas [1].

El día en que no cocináramos, ellos no podrían comer.

Recuerdo bien que cierto día acudió a verme una Hermana y me dijo:

—Madre, se han acabado las provisiones de arroz para el viernes y el sábado. Tendremos que decir a la gente que no podremos darles nada.

Quedé sorprendida, puesto que era la primera vez, hasta entonces, en que oía algo semejante.

El viernes por la mañana, a eso de las nueve, llegó un camión lleno de pan: ¡la cantidad de barras de pan que traía!

Nadie en Calcuta sabía por qué el Gobierno había cerrado las escuelas: pero el hecho es que habían sido

---

[1] Esta cifra, como casi todas las de este libro, sería susceptible de actualización, por aumento, teniendo en cuenta simples criterios de cronología.

cerradas, y todo aquel pan nos fue traído, de manera tal que durante dos días nuestras gentes pudieron comer pan hasta saciarse.

Yo sí sabía por qué Dios había querido cerrar las escuelas.

Lo había hecho porque quería que nuestras gentes supiesen que para Él eran más importantes que la hierba y los pájaros y las flores del campo: que Él las amaba con un cariño especial.

Aquellos miles de personas tenían que saber que Dios los amaba y se cuidaba de ellos.

Es ésta una evidencia reiterada del tierno amor, de la paterna preocupación de Dios mismo por sus pobres...

## La pobreza «peor» de Occidente

Un señor me preguntó:

—¿Qué tendríamos que hacer para liberar a la India de la pobreza?

Yo le contesté:

—Eso ocurrirá cuando usted y yo hayamos aprendido a compartir con los pobres...

No podremos compartir a menos que nuestras vidas estén impregnadas de amor de Dios, a menos que nuestros corazones sean puros y limpios...

Me parece que Dios está intentando hacernos comprender que, sin Él, lo único de que somos capaces es de engendrar miseria y tristeza.

Las gentes aparecen empeñadas en demostrar que se sienten capaces de realizar cosas, que no tienen necesidad de Dios en sus vidas, que son capaces de todo.

Al intentar prescindir de Dios en sus vidas, lo que en realidad producen es más y más tristeza y miseria.

Personalmente, encuentro que la pobreza de los

países occidentales es mucho más dura y difícil de atajar que aquella con la que me encuentro en la India, en Etiopía o en Oriente Medio.

La pobreza de estas áreas es casi exclusivamente material.

Hace unos meses, con anterioridad a mi viaje a Europa y América, recogí un día en una calle de Calcuta a una mujer que se estaba muriendo de hambre.

Pues bien, para satisfacerla no tuve más que ofrecerle un plato de arroz.

En cambio, los que viven en soledad, los no amados, los que carecen de hogar y de familia, los marginados que pasan sus días en una soledad tan terrible, aquellos que no resultan conocidos más que por el número de su vivienda y cuyos nombres se desconocen, ¡oh!, cuántos son...

Creo que no existe pobreza mayor ni más insoportable para un ser humano que ésta: una pobreza con la que tiene que enfrentarse y con la que tiene que vivir.

## «Dios no quiebra en Nueva York»

Cuando abrimos nuestra casa en Nueva York, Su Eminencia el cardenal Terence Cooke [2] se mostró muy preocupado de proveer mensualmente una cantidad fija para el mantenimiento de las Hermanas (tengo que decir que el cardenal de Nueva York quiere mucho a las Misioneras de la Caridad).

---

[2] Terence Cooke, fallecido a principios de los años ochenta, sucedió en la archidiócesis de Nueva York al cardenal Francis Spellman. Fue él quien invitó y dio entrada en la archidiócesis neoyorquina a las Misioneras de la Caridad, hacia quienes, a través sobre todo de la Madre fundadora, dio numerosas muestras de aprecio, y a quienes ofreció una generosa colaboración, que se prolongaría a través de sus sucesores.

Yo no quería ofenderle, pero, por otra parte, me resultaba muy difícil explicarle que nuestro trabajo se lleva a cabo exclusivamente por amor de Dios y que en manera alguna nosotras podemos aceptar la menor cantidad fija para nuestra manutención.

Al final no logré expresarlo más que diciéndole:

—Eminencia, la verdad es que no creo que justamente en Nueva York sea donde Dios vaya a quebrar...

Nos lo ha demostrado muy claramente: su Providencia no ha cesado de llegarnos generosamente.

Una vez más llegué aquí, a Estados Unidos, sin un dólar en el bolsillo.

En cambio, me estoy yendo con una cantidad tan grande de dinero que no os podéis imaginar: bueno, ni yo misma sé cuánto es.

Últimamente ha ocurrido algo sorprendente en Calcuta: la empresa ICI (Imperial Chemical Industries), que durante años ha estado trabajando en la India, nos ha regalado una gran extensión de terreno y un edificio de grandes dimensiones.

Ahora, con la colaboración de muchas personas, lo estamos convirtiendo en un hogar maravilloso.

Estamos tratando de llevar a los enfermos y moribundos a ese nuevo local, que cuenta además con un jardín muy bonito y con abundancia de espacio.

Gracias a ese regalo de la ICI, ahora estamos en condiciones de poder recoger allí a mucha más gente.

## «Hacen lo que hizo Cristo»

Cuando llevé a las Hermanas a Etiopía en 1973, el emperador Haile Selassie me preguntó:

—¿Y qué van a hacer aquí las Hermanas? ¿Lo puedo saber?

Le contesté:

—Ofrecerán a sus gentes el amor y la compasión de Jesús.

Entonces él me dijo:

—Esto es algo realmente nuevo. Esto es hacer lo que hizo Cristo. ¡Que vengan!

Ahora las Hermanas se encuentran allí.

Hacen eso, nada más que esa pequeña parte de trabajo: se limitan a dar de comer a Cristo hambriento, vestir a Cristo desnudo, ofrecer cobijo a Cristo desprovisto de hogar.

Para ser capaces de llevar a cabo ese trabajo, para poder seguir desarrollando esa obra de entrega a Dios por medio de los pobres, una obra de amorosa confianza y cuidado, nuestras Hermanas llevan una vida de oración y sacrificio.

La semana pasada, me trasladé a Hyderabad para concretar una nueva fundación.

Un señor de religión hindú, a quien yo no conocía ni había visto jamás, decidió ofrecer una casa a las Hermanas.

Cuando nosotras llegamos, ya la había registrado a nuestro nombre, en condiciones de absoluta gratuidad.

Se trata de una casa muy hermosa, en que no falta ningún detalle: hasta tiene un hermoso jardín.

Y eso, os puedo asegurar, es algo que ha empezado a convertirse en cosa frecuente, casi común: la gente se muestra cada vez más generosa hacia los pobres por nuestro medio.

## Un hogar para enfermos del SIDA

En 1976, con motivo del terremoto que allí se produjo, decidimos abrir un centro en Guatemala [3].

---

[3] Guatemala es uno más entre los países latinoamericanos —casi todos, prácticamente— donde tienen abiertas casas las Hermanas y Hermanos Misioneros de la Caridad. En varios de ellos

Desde entonces, ha permanecido en aquel país una comunidad de Hermanas, entregadas al amoroso servicio de los pobres, que son muy apreciadas por los guatemaltecos.

Les he oído contar algo muy bonito sobre un hombre: un pobre hombre que había sido recogido en las calles de la Ciudad de Guatemala y conducido a nuestra casa.

Estaba muy enfermo, incapacitado, muerto de hambre, absolutamente indefenso.

No obstante, poco a poco, con la ayuda de todos, logró ir mejorando.

Entonces dijo a las Hermanas:

—Yo me quiero ir. Quiero dejar este lecho para algún otro que quizá lo necesite tanto como lo necesitaba yo cuando ustedes me recogieron.

Tengo oído que ahora está trabajando y me parece que gana muy poco.

Sin embargo, cada vez que logra reunir algún dinero, se acuerda de los inválidos recogidos en la casa de las Hermanas y los va a visitar.

Siempre les lleva algo.

Aun siendo pobre como es, nunca deja de llevarles alguna cosa.

¡Así de generosas son nuestras gentes!

Desde hace algunos años, hemos abierto en Nueva York un hogar para enfermos de SIDA.

Lo empezamos con quince lechos para otros tantos

---

—Venezuela, México, Colombia, Argentina, República Dominicana...— unas y otros cuentan con varias casas. Es más: se da la circunstancia de que uno de tales países, Venezuela, fue el que primero acogió una casa de las Hermanas fuera de la India. El hecho se remonta a febrero de 1965. La particular atención y la atracción de las Misioneras de la Caridad por el continente latinoamericano está vinculada, en su origen, a un ruego de Pablo VI, que pidió a la Madre Teresa esa atención a un continente donde, en expresión tan tópica como histórica, se decía que «se iba a jugar el futuro de la Iglesia Católica».

enfermos, y los primeros internados fueron cuatro jóvenes a quienes conseguí sacar de la cárcel, porque no querían morir allí.

Les había preparado una pequeña capilla, de modo que aquellos jóvenes, que acaso nunca habían estado cerca de Jesús o acaso se habían alejado de Él, pudiesen, si lo querían, acercarse a Él de nuevo.

Poco a poco, gracias a Dios, sus corazones se ablandaron.

Los primeros ya han fallecido todos, porque, como se sabe, se trata de una enfermedad mortal.

La última vez que estuve en aquel hogar, que fue no hace mucho, uno de los jóvenes enfermos hubo de ser trasladado al hospital.

Antes de ir, me dijo:

—Madre Teresa, como usted es amiga mía, quiero tener una conversación a solas con usted.

Os diré lo que me dijo:

—Madre Teresa, cuando más fuerte es el dolor de cabeza (que es uno de los síntomas del SIDA), pienso en Jesús coronado de espinas. Cuando el dolor es en la espalda, pienso en los azotes de Jesús. Si me duelen las manos o los pies, pienso en los clavos de la crucifixión. Lléveme al hogar. Quiero morir cerca de ustedes.

El médico autorizó el traslado.

Le acompañé hasta la capilla. Y le vi rezar a Jesús.

Lo hizo con una devoción que me sorprendió sobremanera.

Murió tres días después.

En él se había experimentado una transformación muy profunda.

## «¡Ahora sí que creo!»

El problema del hambre es enorme, pero la solución no consiste en pararse a analizarlo desde el punto de vista teórico.

Tenemos que actuar, empezar por una persona.

Brindar felicidad y alivio, aunque no sea más que a una persona, es algo gratificante, que bien compensa el esfuerzo y la molestia que nos hayamos tomado.

Cierto día recogimos a un hombre en las calles de Calcuta.

Se encontraba en una situación poco menos que desesperada.

No nos resultaba posible darle de comer, sabiendo que estaba muy desnutrido.

A la mañana siguiente, empezamos dándole un poco de arroz.

Pero justamente mientras se disponía a llevar el arroz a la boca con ayuda de ambas manos, expiró: se trataba de un caso de desnutrición extrema.

Los primeros cristianos morían por Jesús y eran reconocidos por el amor que se profesaban unos a otros.

El mundo nunca ha estado tan necesitado de amor como en nuestros días.

Las gentes se mueren de hambre de amor.

En un lugar de este mundo, pude comprobar que los padres dan de comer al mayor de sus hijos, para que pueda ir a la escuela. A los demás hijos los tienen durmiendo en la cama, con el fin de no tener que darles de comer más que una vez al día.

Me temo que no seamos capaces de tomar conciencia de hechos tan tremendos como éste...

El otro día, una de nuestras Hermanas estaba lavando a un leproso cubierto de heridas.

Un sacerdote musulmán estaba de pie allí al lado y dijo:

—A lo largo de todos estos años he venido creyendo que Cristo Jesús era un profeta. Hoy me he convencido de que Cristo Jesús es Dios, si es capaz de dar tanta alegría a esta Hermana: una alegría que le consiente realizar su trabajo con tanto amor.

## El primer sueldo del alcohólico

Estas son las gentes con las cuales vivimos en contacto directo y a las cuales brindamos nuestro servicio cordial y gratuito.

Nosotras no disponemos de renta alguna, de seguridad social o de manutención eclesiástica: dependemos de manera exclusiva de la Divina Providencia.

Hemos tenido que tratar y seguimos tratando con miles y miles de pobres, pero jamás hemos tenido que rechazar a nadie por falta de recursos.

Creo haberlo dicho más de una vez, aunque no me canso de repetirlo. Siempre nos queda algo. Jesús cumple con su palabra: somos, para su Padre, más importantes que las flores y la hierba del campo, y que las aves del cielo.

Reitero a menudo que las Misioneras de la Caridad no somos en manera alguna asistentes sociales.

Nuestro trabajo puede presentar exteriormente apariencias sociales, pero en realidad nosotras somos contemplativas auténticas, aun radicadas en el corazón mismo del mundo.

Estamos las veinticuatro horas del día con Jesús.
Lo hacemos todo por Jesús.
Todo lo que hacemos, se lo ofrecemos a Él.

Hace unos meses [4], un hombre abandonado fue recogido por las Hermanas en una calle de Melbourne.

---

[4] Aclararemos que estas referencias cronológicas —«hace unos meses», «el otro día», «la semana pasada», etc.— con que la Madre Teresa introduce muchas anécdotas, no constituyen un marco de proximidad respecto al hecho narrado a continuación.

Se trataba de un alcohólico, que ya lo venía siendo desde varios años antes.

Las Hermanas se hicieron cargo de él y lo trasladaron al Hogar de la Misericordia, que tenemos en aquella ciudad australiana.

Por cómo lo trataron y cuidaron, él se percató enseguida de lo que sucedía y exclamó:

—¡Dios me ama!

Al cabo de unas pocas semanas, estaba ya recuperado, y dejó el Hogar de la Misericordia.

Jamás volvió a probar el alcohol.

Se reincorporó a su hogar, junto a su mujer y sus hijos, y volvió a acudir de nuevo a su trabajo.

Cuando cobró su primer sueldo, se presentó a las Hermanas y les hizo entrega de una pequeña cantidad de dinero, diciendo:

—Deseo que sean ustedes un signo concreto del amor de Dios para otros, lo mismo que lo han sido para conmigo.

## Felices de ser pobres

Yo repito siempre a la gente:

—No quiero que me deis las sobras. No quiero ser el tranquilizante de vuestras conciencias. Quiero que deis aquello de lo que os cuesta desprenderos. Quiero que deis con voluntad de compartir la pobreza y el sufrimiento de nuestros pobres.

Cada día va adquiriendo mayor arraigo esta toma de conciencia.

Para nosotras constituye un privilegio servir a los

---

Ella es muy reiterativa de los mismos temas y a veces —o, más bien, casi siempre— refiere con parecidas alusiones circunstanciales hechos cronológicamente remotos, que para ella poseen un carácter y fuerza ejemplarizantes y simbólicos, sin perjuicio, obviamente, de su fundamental autenticidad.

pobres, puesto que, mediante nuestro servicio a ellos, es a Cristo a quien servimos.

En efecto, Cristo ha dicho: *Tuve hambre, estaba desnudo, carecía de hogar, estaba enfermo... Conmigo lo hicisteis.*

En cierta ocasión, un funcionario del Gobierno indio me preguntó:

—Madre, diga la verdad: ¿No estará usted deseando que yo me haga cristiano? ¿No estará rezando por esto?

Yo le contesté:

—Cuando alguien posee algo realmente importante, lo natural es que desee que sus amigos lo puedan compartir con él. Por mi parte, estoy persuadida de que Cristo es lo mejor del mundo. Mi deseo sería que todos los hombres lo conociesen y amasen como yo lo conozco y amo. Pero la fe en Cristo es un don de Dios, que lo da a quien Él quiere.

Aquel caballero se dio por satisfecho.

Estoy firmemente persuadida de que nuestra congregación sobrevivirá en tanto se alimente de una pobreza auténtica y real.

Las congregaciones en que se practica la pobreza con fidelidad son espiritualmente vigorosas y no tienen por qué temer una decadencia.

Siempre digo a las Hermanas que tenemos que tratar de ser cada vez más pobres y de descubrir nuevas formas de vivir nuestro voto de pobreza.

Y que tenemos que considerarnos felices de que se nos ofrezcan oportunidades de practicar esta maravillosa pobreza.

## Capítulo 6

# LOS POBRES SON MARAVILLOSOS

«¡Por fin, el calor de una mano!»

Disponemos de un hogar para alcohólicos en Melbourne: una casa para alcohólicos abandonados.

Uno de ellos había sido golpeado duramente por un compañero.

Me pareció que era necesario llamar a la policía.

Lo hicimos y, cuando ésta llegó, interrogó al herido:

—¿Quién le ha producido esas heridas?

Éste se puso a inventar toda clase de mentiras, con muestras evidentes de que en manera alguna estaba dispuesto a decir la verdad y a confesar el nombre de su agresor.

La policía tuvo que irse sin descubrir nada.

Entonces, yo le pregunté:

—¿Se puede saber por qué no ha querido decir a la policía quién le causó esas heridas?

Él me miró y me dijo:

—En todo caso, su castigo en manera alguna hubiera aliviado mis sufrimientos.

Aquel hombre había ocultado el nombre de su agresor para evitarle un castigo que lo hubiera hecho sufrir.

¡Cuán hermoso y grande es el amor de nuestras gentes!

Esto es un milagro ininterrumpido que se expande entre nuestros pobres. ¡En verdad, nosotros los denominamos pobres, pero son todos muy ricos en amor!

Cierto día, transitando yo por una calle de una gran ciudad europea, tropecé con un hombre muy borracho.

Presentaba un aspecto realmente deprimido y triste.

Me dirigí hacia él, tomé y estreché su mano (mis manos están siempre calientes), y le pregunté:

—¿Cómo se encuentra?

Él me respondió:

—¡Oh! Finalmente, después de muchos años, es la primera vez que experimento el calor de una mano humana.

Y su rostro se iluminó.

A sus labios asomó una sonrisa de felicidad.

Quiero decir con esto que, a veces, cosas muy pequeñas, realizadas con un gran amor, producen alegría y paz.

No es que haya mayor diferencia entre unos países y otros, puesto que unos y otros están habitados por seres muy humanos y muy de carne y hueso.

A veces pueden presentar un color diferente de tez, o pueden quizá llevar un atuendo distinto: es posible, incluso, que su cultura y su nivel económico y social sean distintos.

Pero todos son radicalmente iguales.

Todos ellos son seres humanos, merecedores y necesitados de amor. Todos ellos anhelan ser amados.

## Un consejo para los políticos: recen

Sólo en Calcuta, hemos recogido por las calles a más de 57.000 personas.

Acuden a nosotras, los acogemos, los llevamos a nuestro refugio para cobijarlos bajo un techo.
Y mueren de una muerte muy hermosa, en la luz de Dios.
Hasta el día de hoy, jamás he visto ni encontrado, ni lo han hecho las Hermanas, a ningún hombre o mujer que haya rehusado pedir perdón a Dios, que se haya resistido a decirle: «¡Dios mío, yo te amo!»

Esta mañana, una mujer de buena posición social vino a Misa con nosotras.
Lloraba y sollozaba ininterrumpidamente.
Se hubiera dicho que estaba sometida a la agonía de Getsemaní.
¿Cuál era la razón?
Sus hijos y su marido la habían abandonado.
Sus hijos han abandonado la fe y se han entregado a una vida horrorosa.
No lograremos comprender jamás el sufrimiento tremendo de aquella mujer, como no lograremos comprender tampoco el de millares y millares de familias que atraviesan agonías parecidas día a día.
Esa es la razón de que necesitemos sacerdotes santos que vengan, como hizo el ángel del cielo con San José, para explicar y ofrecer ayuda; para decirnos que, a pesar de todo, Dios nos sigue amando.

Alguien me preguntó el otro día:
—¿Qué aconsejaría usted a los políticos?
Jamás me inmiscuyo en política. Sin embargo, me brotó espontáneamente contestar:
—Creo que los políticos pasan demasiado poco tiempo de rodillas. Estoy segura de que serían mejores políticos si lo hicieran...
Eso es lo que todos necesitamos, cuando tenemos que tomar decisiones que implican a los demás...

## En una fría noche londinense

Donde está Dios, allí hay amor.
Y donde hay amor, siempre hay servicio.

En tanto que cristianos, hemos sido creados para cosas más grandes: hemos sido creados para ser santos, desde el momento que hemos sido creados a imagen de Dios.

La primera vez que me encontré en Londres, hicimos un recorrido por la noche.

Se trataba de una noche tremendamente fría, que dedicamos a recorrer las calles en busca de los pobres.

Tropezamos con un hombre de edad avanzada, con acento distinguido, que estaba tiritando de frío.

Estaba allí mismo, enfrente de nosotras.

Delante de él había otro hombre: un negro con el abrigo abierto.

El negro le estaba protegiendo contra el frío.

El otro caballero nos decía:

—¡Por favor, llévenme de aquí, adonde sea! Yo no quiero más que poder dormir entre dos sábanas.

Miramos en derredor nuestro y constatamos que no era el único: había bastantes más en las mismas condiciones y circunstancias.

Pero aun cuando allí no hubiera estado más que él, se hubiera tratado del mismo Jesús.

Es Jesús quien tiene hambre de amor y de cuidados.

## Colaboradores que... escuchan

El otro día iba yo calle abajo.

Un hombre aceleró el paso para acercarse a mí y me preguntó:

—¿Es usted la Madre Teresa?
—Sí —le contesté.

Me pidió:

—Haga el favor de mandar a alguna de sus Hermanas a mi casa. Yo estoy medio ciego y mi mujer se encuentra al borde de la demencia. No anhelamos otra cosa que el eco de una voz humana. Es lo único que echamos en falta...

Cuando mandé allí a las Hermanas, comprobaron que era cierto.

Lo tenían todo, pero aquellos dos seres estaban sumidos en una impresionante soledad, sin nadie que les perteneciese ni que tuviese relación alguna de parentesco o amistad con ellos.

Sus hijos quizá estuvieran muy lejos de ellos.

Se trataba de dos seres privados de afecto, que se dirían inútiles. Se estaban consumiendo de soledad.

En algunas partes —por ejemplo, en el Reino Unido—, contamos con pequeños grupos de escucha.

Van a los hogares de la gente, de gentes muy corrientes, se sientan con ellos y los dejan hablar y hablar.

Los ancianos gustan de tener a alguien que los escuche, aun cuando no tengan otra cosa que narrar más que hechos acaecidos hace treinta años.

Escuchar a alguien a quien ninguna otra persona desea escuchar es algo muy hermoso.

Hay mucho sufrimiento por todo el mundo, puesto que las familias se han disgregado.

Es la mujer quien de ordinario conserva vivo el amor de la familia y su unidad.

## Sin dinero para el entierro

Todas las mujeres podemos ser iguales a los hombres si tenemos cerebro y medios.

Pero ningún hombre nos puede igualar a las mujeres en la capacidad de amar y de servir a los demás.

No consigo olvidar lo que les sucedió a nuestras Hermanas de una de nuestras casas en Roma, cuyo trabajo se desarrolla entre los marginados.

Ellas visitan las casas de los pobres (les limpian la casa, los bañan, les lavan las ropas y desarrollan las demás tareas del hogar).

Las Hermanas tropezaron con un hombre que había sido abandonado en una situación casi desesperada.

Limpiaron su vivienda, lavaron sus ropas, le dieron un buen baño, pero no lograron arrancarle una palabra. Volvieron de nuevo al día siguiente, pero tampoco lograron que pronunciase palabra alguna.

A los dos días, se decidió a pedir a las Hermanas:

—Puesto que han traído a Dios a mi vida, tráiganme también a un sacerdote.

Acudieron adonde el párroco y le llevaron a un confesor.

Y aquel hombre, que no había abierto la boca más que para aquella breve expresión —«Ustedes, que han traído a Dios a mi vida, tráiganme también a un sacerdote»—, se confesó.

Era católico.

No se había vuelto a confesar desde hacía sesenta años.

A la mañana siguiente, expiró.

La suya fue una muerte muy serena.

En cierta ocasión, tuve una experiencia muy triste en un país fuera de la India: una madre de familia numerosa murió dejando varios hijos huérfanos.

El marido no lograba juntar el dinero suficiente para pagar el funeral y los demás gastos religiosos y civiles.

Las Hermanas organizaron una cuestación, pidiendo por las casas, después de saber que el pobre marido había vendido todo lo que tenía, y que, a pesar de ello, el cadáver de aquella mujer hubo de permanecer tres días sin enterrar por falta de medios económicos.

A menudo, nuestras gentes no es que se queden sin casar porque estén a gusto, viviendo juntos por razones de mero placer.

La mayoría de ellos no se casan, no contraen matrimonio y se unen para vivir juntos, porque no pueden pagar las tarifas del matrimonio y, por la misma razón, dejan de bautizar a sus hijos.

### «¡Para qué encender la lámpara!»

En muchas partes del mundo, nuestras Hermanas tienen que trabajar de noche.

Han de salir por las calles en busca de los pobres y abandonados.

A pesar de ello, logran conservar en sus rostros una sonrisa llena de felicidad y dulzura, como si todo les saliese perfectamente.

Yo digo a menudo a mis Hermanas:

—Tenemos que ser como ángeles de bondad y de consuelo. Debemos llevar a los niños de los suburbios la imagen de Cristo como amigo de los pequeños. Debemos amar a los pobres con el amor de Cristo, ayudarles con su misma ayuda, ser generosas con ellos con la generosidad de Cristo, servirlos con su mismo servicio, salvarlos como los salva Él.

Como todo el mundo sabe, tenemos unas cuantas casas también en Australia.

Uno de nuestros centros de trabajo se encuentra en una zona de aborígenes que —resulta bien conocido— viven en condiciones realmente adversas.

En una ocasión en que me encontraba también yo allí, salimos en busca de las necesidades más apremiantes y tropezamos con un hombre que vivía en circunstancias realmente indignas de un ser humano.

Yo me acerqué e intenté dialogar con él.

En primera instancia, le dije:

—Haga el favor de dejar que limpie la vivienda y su lecho, junto con todo lo demás.

Él me contestó secamente:

—Estoy bien así. ¡Déjeme en paz!

Yo le insistí:

—Ya verá que está usted mucho mejor una vez que le haya limpiado la habitación.

Le costó, pero al final accedió a que limpiase su vivienda (le doy este nombre, pero creo que aquello ni siquiera merecía llamarse vivienda).

Me di cuenta de que disponía de una hermosa lámpara que, sin embargo, estaba cubierta de suciedad y de polvo.

Le pregunté:

—¿No enciende usted nunca esta lámpara?

Él me contestó:

—¿Y para quién la iba a encender? ¡Aquí no viene nunca nadie! Nadie me viene a ver, nadie se acerca a mí. Para mí solo, no tengo necesidad alguna de la lámpara.

Entonces se me ocurrió preguntarle:

—Si las Hermanas vinieran a verle, ¿encendería la lámpara para ellas?

Él me contestó:

—Por supuesto. Claro que sí.

Se lo dije a las Hermanas y empezaron a visitarlo por las noches, al atardecer.

Y él cumplió lo prometido: cada día —cada noche— encendía la lámpara.

Unos meses más tarde (sobrevivió todavía dos años más) me mandó una nota por medio de las Hermanas, en la que me decía:

—Le aseguro, mi querida amiga, que la luz que prendió en mi vida, sigue encendida aún.

Lo que yo hice no fue casi nada. Pero, ¡era tan oscura la soledad de aquel pobre aborigen!

Una luz había prendido en su corazón, y seguía resplandeciendo...

## El beso de Jesús

Me costará olvidar —dudo que pueda hacerlo alguna vez— los sufrimientos que se produjeron a raíz de los acontecimientos de Bangladesh: eran diez millones los refugiados que teníamos en Calcuta y en los alrededores.

Pedí al Gobierno de la India que permitiese a un cierto número de religiosas de otras congregaciones venir en nuestra ayuda, porque nosotras estábamos trabajando al límite de nuestras fuerzas.

El Gobierno autorizó su venida.

Acudieron unas quince o dieciséis de diversas congregaciones.

Cuando llegó el momento de abandonar Calcuta, todas coincidieron en decir lo mismo:

—Es mucho más lo que hemos recibido que lo que hemos podido dar. Tras esta experiencia, nunca podremos ya volver a ser las mismas de antes. Aquí hemos estado en contacto físico con Cristo y hemos comprendido qué es el amor. Hemos comprendido qué significa amar y ser amados.

Frente al sufrimiento de los seres humanos, me siento profundamente incapaz y desvalida.

Por más que resulta difícil, la única alternativa que encuentro es decir a tales seres:

—¡Dios te ama!

Siempre se me ocurre añadir, como razonamiento lógico:

—Esto es una señal de que te encuentras muy cerca de Jesús en la Cruz, hasta el punto de que Él se inclina hacia ti para besarte.

Recuerdo que le dije esto a una mujer que se

estaba muriendo de cáncer, rodeada de sus criaturas, todavía de tierna edad.

No logré percibir con exactitud cuál era el motivo real de su principal agonía: si tener que dejar abandonados a sus hijos o la enfermedad física de su cuerpo.

Le dije:

—Esto es un símbolo de que estás tan cerca de Jesús en la Cruz que Él puede compartir contigo su Pasión y acogerte entre sus brazos.

Aquella mujer entrecruzó sus manos y dijo:

—Madre, dígale a Jesús que no deje de besarme.

¡Qué bien lo había comprendido!

**La madre que sí sabía...**

En cierta ocasión, un hombre vino a nuestra casa y me dijo:

—Aquí cerca hay una familia hindú con ocho hijos que llevan mucho tiempo sin probar bocado.

Al oírlo, tomé un puñado de arroz y salí a toda prisa para que pudieran comer aquella noche.

En los rostros de aquellos ocho niños vi dibujadas las huellas del hambre, como pocas veces las había visto.

A pesar de ello, aquella madre tuvo el coraje de dividir el arroz en dos porciones iguales y salió con una.

Cuando estuvo de vuelta, le pregunté:

—¿Adónde ha ido? ¿Qué ha hecho?

Su respuesta fue muy lacónica:

—¡También ellos tienen hambre!

¿Quiénes eran «ellos»?

Una familia de religión musulmana, que vivía en la puerta de enfrente, y que tenía otros tantos hijos.

Aquella mujer sabía que también ellos tenían hambre.

Lo que me conmovió hasta las entrañas fue que

«ella sabía» y, puesto que «sabía», fue generosa hasta el heroísmo de la privación.

¡Eso es algo realmente hermoso!

¡Eso es amor de verdad y de hecho!

Aquella mujer dio con dolor. Aquella noche no volví a llevar más arroz, puesto que quise que experimentasen la alegría de dar, la alegría de compartir.

¡Tendríais que haber visto los rostros de aquellos pequeños!

Ellos comprendieron verdaderamente lo que su madre había hecho.

Sus semblantes aparecían iluminados por una hermosa sonrisa. Cuando llegué, estaban hambrientos y tristes, pero el gesto de su madre les enseñó lo que es el amor auténtico.

### Saris de 800 rupias

En una ocasión vino a verme una señora muy rica, de religión hindú.

Se sentó a mi lado y me dijo:

—Madre, quiero confesarle que estoy deseando poder compartir su trabajo (este fenómeno se está produciendo más y más cada día en la India).

Le dije que se trataba de un deseo muy encomiable.

Sólo que ella desvió un poco la conversación, diciendo:

—Quiero asegurarle que me encantan los saris hermosos (en efecto, llevaba puesto un sari costosísimo: de unas 800 rupias. El que llevaba yo costaba unas 8).

Y añadió en reiteración:

—Me encantan los saris lujosos. Me compro uno al mes.

Yo me recogí un instante y pedí a Nuestra Señora que me iluminase, para poderle dar la respuesta más adecuada en torno a cómo podía compartir nuestro trabajo.

Se me ocurrió decirle:

—Bien, señora: creo que lo mejor sería que empezase usted por el sari. Verá: la próxima vez que vaya a comprar uno, en lugar de escogerlo de 800 rupias, cómprelo de 500 y destine las otras 300 a comprar saris para los pobres.

Así ha ocurrido que la buena señora ha ido bajando el valor de sus vestidos hasta 100 rupias.

Tengo que decir que fui yo quien la detuve, diciéndole:

—¡Por favor, señora, no baje usted de 100 rupias!

Me ha confesado que este hecho ha transformado su vida.

Ahora comprende verdaderamente lo que significa compartir.

Y me asegura que tiene la íntima sensación de haber recibido mucho más de lo que ha dado.

### El niño que renunció al azúcar

Ha sido un niño muy pequeño de Calcuta el que me ha enseñado lo que significa amar con un amor auténticamente grande.

Ocurrió en cierta ocasión que no teníamos azúcar.

No sé cómo, pero aquel pequeño hindú de cuatro años de edad vino a enterarse en la escuela de que la Madre Teresa no tenía azúcar para sus niños y, al volver a casa, dijo a sus padres:

—No quiero tomar azúcar durante tres días. Ahorraré mi azúcar para la Madre Teresa.

Sus padres no habían estado nunca en nuestra casa para ofrecer nada, pero a los tres días trajeron al pequeño.

Era de verdad muy pequeñito: en las manos traía un frasco de azúcar.

¿Cuánto puede comer un niño de cuatro años?

En todo caso, él trajo la cantidad de azúcar que hubiera podido comer en tres días.

Aquel niño apenas si era capaz de pronunciar mi nombre, pero fue generoso en su don; y el amor que puso en él fue para mí algo conmovedoramente hermoso.

El gesto de aquel pequeño de cuatro años me convenció de que, en el momento en que damos algo por amor de Dios, nuestro don adquiere un valor infinito.

En otra ocasión recogimos a un muchacho joven que había perdido a su madre: ésta había muerto en nuestra Casa del Moribundo [1] de Calcuta.

Había pertenecido a una familia acomodada que, por circunstancias de la vida, había caído en desgracia.

Cuando se hizo mayor, aquel joven manifestó un vivo deseo de hacerse sacerdote.

Cuando se le preguntaba: «¿por qué deseas hacerte sacerdote?», daba una contestación muy sencilla:

—Deseo hacer por otros niños algo como lo que ha hecho por mí la Madre Teresa: quiero amar como ella me amó; quiero servir como ella me ha servido a mí...

Hoy día, aquel joven es ya sacerdote: un sacerdote que ama sinceramente a todos aquellos que no tienen a nadie y que no tienen nada; a todos aquellos que no tienen quien los ame; a todos aquellos que han olvidado en qué consiste el amor humano, el contacto humano; a todos aquellos que no tienen quien les sonría.

Pido sin desmayo para que haya sacerdotes santos, que sean como ángeles en medio de nuestras familias

---

[1] Las personas familiarizadas con la obra de la Madre Teresa saben que lo que denominamos aquí como Casa del Moribundo tiene otro nombre más específico: Nirmal Hriday (Casa del Corazón Puro). Lo mismo cabe decir del aquí llamado Hogar Infantil, que más específicamente se denomina Shishu Bhavan.

agitadas, en nuestras familias visitadas por el sufrimiento, porque estoy convencida de que la Pasión de Cristo sigue viviendo en nuestros hogares.

## El pequeño fugitivo

Tenemos algunas cosas hermosas que aprender de los pobres, sobre todo de aquellos que no tienen nada, que pasan hambre, que están enfermos, que son considerados como inútiles, pero que se tienen unos a otros.

Un día recogí por la calle a un niño pequeño.

Tenía mucha hambre. ¡Sólo Dios sabe cuánto tiempo llevaba sin probar bocado!

Sus ojitos brillaban por el hambre (creo que tanto a vosotros como a mí nos resulta difícil comprender qué es verdaderamente el hambre).

Le di un trozo de pan y aquel pequeño se puso a comerlo trocito a trocito.

Le dije:

—¡Come, come el pan! Yo te daré más cuando lo termines.

El pobre niño me contestó:

—Tengo miedo de seguir con hambre cuando el pan se termine.

Aquel pobre niño, tan pequeño todavía, sabía ya muy bien lo que era el hambre, por haberla experimentado.

Lo llevamos a nuestro Hogar Infantil.

Le dimos un buen baño, lo lavamos y le pusimos un trajecito muy lindo.

Por la tarde, el pequeño desapareció.

Corrimos en su busca, lo volvimos a llevar al Hogar Infantil, y el niño volvió a desaparecer.

Dije a las Hermanas:

—Procurad no perderlo de vista, pero sin estar encima de él. Intentad descubrir adónde va, por qué lo hace y por qué no quiere permanecer aquí.

Huyó de nuevo una vez más.

Una Hermana corrió tras de él y lo localizó bajo un árbol, a la intemperie.

Su madre estaba allí con él, cocinando algo: sabe Dios qué había logrado recoger entre los escombros y qué estaba tratando de cocer.

La Hermana captó, en el amor entre aquella madre y aquel niño, algo totalmente inolvidable.

La comida que nosotras damos a nuestros pobres, tratamos de que sea la mejor posible.

A pesar de ello, aquel niño repetía:

—¡Ésta no es mi casa! ¡Yo quiero ir a mi casa!

Allí no había nada, a la sombra de aquel árbol en un descampado: sólo un jergón desnudo, sin almohada ni sábanas ni mantas. ¡Nada!

A pesar de ello, aquel niño tenía allí su hogar, y lo amaba a través de la ternura de su madre.

La madre quería con toda su alma al hijo y ambos podían vivir allí, puesto que ambos se amaban tiernamente.

### «Sonríanse unos a otros»

Acudí cierta vez a ver una residencia de ancianos, una de las mejores de Inglaterra, donde nuestras Hermanas están trabajando.

En aquel hermoso hogar que acudí a visitar, había un buen número de ancianos.

Nunca he visto cosas tan bellas en hogar alguno como las que vi en aquél.

A pesar de todo, no logré descubrir la menor sonrisa en rostro alguno entre los inquilinos de aquel edificio.

Todos permanecían inmóviles, mirando hacia la puerta.

Le pregunté a la Hermana encargada:

—Hermana, ¿por qué están todos así, por qué no hay ni siquiera uno que sonría?

Yo estoy acostumbrada a ver rostros sonrientes: es que creo —¡estoy convencida!— que la sonrisa genera sonrisa, de la misma manera que el amor despierta amor.

La Hermana me contestó:

—Es algo de todos los días. Están siempre a la espera de que alguien venga a verlos. Su soledad los devora. Y no dejan de mirar día tras día, olvidados de todo lo demás que les rodea.

¡Qué inmensa pobreza la de no sentirse amados!

Hace algún tiempo, vino a visitarnos un numeroso grupo de profesores de Estados Unidos a nuestra casa de Calcuta.

Antes de irse, me pidieron:

—Díganos algo que pueda ayudarnos, que nos estimule a ser mejores.

Les contesté:

—Sonríanse unos a otros (tengo la impresión de que ya no nos queda tiempo ni siquiera para sonreírnos unos a otros).

Uno de ellos me dijo:

—Madre Teresa, ¡cómo se ve que no está usted casada!

Le dije:

—Sí, lo estoy. Le aseguro que a veces me resulta difícil sonreír a Jesús, porque pide mucho.

## Cristo en los cuerpos rotos

Voy a referir un ejemplo que refleja con claridad lo que es el auténtico hambre:

Una niña recibió en cierta ocasión un mendrugo de pan de una de nuestras Hermanas (la pobre llevaba mucho tiempo sin comer).

Vi que la niña comía el pan miga a miga.

Le dije:

—Sé bien que tienes mucha hambre: ¿por qué no comes el pan?

La pequeña me contestó:

—Quiero que me dure más...

Tenía miedo de que, una vez terminado el pan, retornase de nuevo su hambre: por aquella razón, lo estaba comiendo a trocitos muy menudos.

Allí a su lado había otra niña.

Ésta no comía.

Pensé que habría terminado su trozo de pan, pero la pequeña me confesó:

—Tengo a mi padre enfermo. Yo tengo mucho hambre, pero como papá está enfermo, creo que le gustará que le lleve mi trozo de pan...

Aquella pobre niña, de buen corazón, estaba dispuesta a privarse de comer para dar a su padre enfermo la alegría de su mendrugo de pan...

¡Los pobres son personas grandes!

Ellos no tienen necesidad de nuestra compasión ni de nuestra condescendencia.

¡Los pobres son grandes!

¡Los pobres son personas merecedoras de todo nuestro amor!

Hace falta una mirada de fe profunda para descubrir a Cristo en los cuerpos rotos y bajo los sucios ropajes que ocultan al más hermoso entre los hijos de los hombres.

Tenemos necesidad de las manos de Cristo para tocar esos cuerpos golpeados por el dolor y por el sufrimiento.

## Capítulo 7
# LA CASA DEL MORIBUNDO

**Junto al templo de la diosa Kālī**

Cierto día descubrimos, al lado mismo de los muros de un hospital de Calcuta, a dos pasos de nuestra casa, a un hombre que se estaba muriendo en la acera.

Preguntamos e hicimos las necesarias gestiones, pero la dirección del hospital nos dijo que no tenía sitio para él.

Fuimos a una farmacia para comprarle un medicamento.

Cuando volvimos, había muerto en la misma calle.

No pude ocultar mis sentimientos:

—¡Hay cuidados para un perro o para un gato y no los hay para un ser humano! Nadie dejaría morir de esta manera a un animal doméstico...

Fui a la comisaría de policía para quejarme de aquella situación.

Aquello fue el comienzo de la Casa del Moribundo de Kalighat.

Pensé que no se podía permitir que un hijo de Dios muriese en una acera, como si fuese un animal.

Y nos decidimos a actuar.

Ante el drama de tantos seres humanos que morían en las calles, acudí con mi queja a las autoridades municipales:

—Ustedes provéanme de un techo donde cobijarlos. Yo haré lo demás.

Junto al templo de la diosa Kālī me asignaron dos grandes habitaciones, que hasta entonces se habían utilizado como alojamiento para peregrinos.

Las acepté de buen grado, por tratarse de un centro de devoción y de culto de la religión hindú.

Enseguida llevamos allí a nuestros moribundos y enfermos.

El hecho no sentó nada bien a los sacerdotes de la diosa, que nos tomaban por intrusas.

Pero ocurrió que uno de ellos contrajo una enfermedad contagiosa.

Lo atendimos tan bien que, a partir de entonces, no sólo dejaron de espiarnos sino que se convirtieron en amigos y colaboradores nuestros.

## Murió sonriendo

Un día recogí a un hombre de una alcantarilla.

Con la excepción de su rostro, el resto entero de su cuerpo estaba recubierto de llagas.

Lo llevé a nuestra casa al lado del templo de la diosa Kālī, la divinidad del terror y de la destrucción.

¿Y qué creéis que dijo aquel hombre?

Pronunció las siguientes palabras, que han quedado grabadas en lo más profundo de mi corazón:

—He vivido todos estos años como un animal, por las calles. Ahora voy a morir como un ángel, rodeado de amor y de cuidados.

Apenas tuvimos tiempo para darle un baño, limpiarlo bien y ponerlo en la cama.

Tres horas más tarde, murió con una sonrisa en los labios y con una entrada para el Cielo (sí, sí: porque San Pedro no dejará entrar a nadie que no vaya provisto de su correspondiente entrada).

Le dimos una bendición especial, por la que le

quedaron perdonados sus pecados (cualesquiera pecados que hubiera podido cometer) y así él puede ver el rostro de Dios por toda la eternidad.

En su expresión no se vio la menor queja, el menor estremecimiento ni la menor sombra de temor.

A lo largo de estos veinticinco años, sólo por las calles de Calcuta hemos recogido alrededor de 57.000 personas, de las cuales unas 25.000 han muerto de una muerte muy hermosa, provistas todas de su correspondiente entrada para presentarla a San Pedro.

En los primeros años, la mayoría de los recogidos en la Casa del Moribundo fallecían. Después, gradualmente, empezaron a sobrevivir más o menos la mitad.

Hoy día son muchos más los que sobreviven que los que mueren, gracias sobre todo a las ayudas que recibimos tanto en alimentos como en medicinas.

### «¡Ha sido mi propio hijo...!»

Recogí una vez entre unos escombros a una mujer con una fiebre altísima.

Se encontraba a punto de morir, y no cesaba de lamentarse:

—¡Mi hijo! ¡Ha sido mi propio hijo el que me ha arrojado aquí!

La recogí y la llevé a casa.

Durante el corto recorrido, intenté por todos los medios convencerla para que perdonase a su hijo.

Tardé mucho en conseguir que dijese:

—Sí, perdono a mi hijo.

Ocurrió justamente unos instantes antes de que expirase.

Fue entonces cuando dijo con convicción:

—¡Sí, le perdono!

No le importaba el hecho de estar en los últimos momentos de su vida.

No le importaba —tal era la impresión que daba— el sentir una fiebre tan alta.

Parecía desentendida de sus tremendos dolores.

Lo que le partía el corazón era que su hijo no la quería.

Creo que es algo que tanto vosotros como yo deberíamos esforzarnos por comprender.

Una noche, en Calcuta, recogimos a algunos pacientes por las calles.

Una de las mujeres que recogimos se encontraba en condiciones particularmente graves.

Dije a las Hermanas:

—Yo me ocuparé de ésta: ocúpense ustedes de los demás.

Estaba ya medio comida por gusanos y microbios.

Me hice cargo de ella y, naturalmente, desplegué en su favor todas las atenciones que me dictaba el corazón.

Cuando la coloqué en la cama, tomó mi mano y me la apretó.

En sus labios, al mismo tiempo, estaba dibujada una hermosísima sonrisa: quizá jamás en mi vida haya visto yo una sonrisa como aquélla en rostro de ser humano alguno.

A través de aquella sonrisa, tan delicada y tierna, aquella pobre mujer no logró murmurar más que una palabra:

—¡Gracias!

Al instante, expiró.

Me detuve un segundo para reflexionar, sin apartar mis ojos de aquel rostro ya exánime.

Me pregunté qué es lo que hubiera hecho yo en su lugar.

Mi callada y sincera respuesta fue ésta:

—Me hubiera empeñado en atraer la atención de los demás sobre mí. Hubiera gritado: ¡Tengo frío! O bien: ¡Me muero de hambre! O bien: ¡Que ya no aguanto más! O algo por el estilo. Pero esta mujer extraordinaria me acaba de dar infinitamente más que lo que yo le he dado a ella: me ha dado la comprensión de su amor.

¡Tal es nuestra gente! [1]

¿Los conocemos?

Es posible que hasta los tengamos en nuestras propias casas.

Hay gentes solas y abandonadas por doquier: ¿sabemos esto nosotros?

## No podía creer que fuera arroz

Nosotras tenemos casas en muchas partes del mundo.

Un día recogí en la calle a una mujer.

Me di cuenta enseguida de que estaba a punto de morir de hambre.

Le di un plato de arroz, y ella clavó en él la mirada.

Le pedí que comiese.

Entonces ella dijo con toda sencillez, de la manera más natural del mundo:

—No... no, no puedo creerlo. No puedo creer que sea verdadero arroz. ¡Hace mucho tiempo que no consigo probar bocado!

No condenó a nadie.

No se metió con los que tienen mucho.

---

[1] Lo que se traduce por «nuestra gente», la Madre Teresa lo expresa como *Our People* (así transcrito: siempre con mayúsculas, igual que la palabra *Poor*, los Pobres). No sabemos si es un matiz semántico de la lengua original o un efecto del contexto: el hecho es que esa expresión suya, y en sus labios, resulta mucho más personalizada y concreta que su equivalencia en cualquier lengua. Desde luego, supone una identificación afectiva con todos los que sufren. La motivación no puede ser más real y clara: ¡ve en ellos a Cristo mismo! Por eso emplea la mayúscula.

No. No condenó absolutamente a nadie.

Simplemente, no lograba creer que aquello fuese arroz...

No me cansaré jamás de repetirlo: ¡los pobres son grandes!

Tenemos que amarlos, pero no con un amor impregnado de compasión.

Tenemos que amarlos porque se trata de Jesús encubierto bajo apariencias de dolor.

¡El dolor de los pobres!

Ellos son hermanos y hermanas nuestros.

Ellos son ¡nuestra gente!

Los leprosos, los moribundos, los que pasan hambre, los que no tienen qué ponerse: ¡son Jesús mismo!

Una mañana, mientras me encontraba lavando a los pacientes, un sacerdote de la diosa Kālī traspasó la cortina.

Se postró delante de mí, tocó mis pies con sus manos y a continuación se las llevó a la cabeza.

Se puso de pie delante de mí y dijo:

—Llevo veinte años sirviendo a la diosa Kālī en su templo. Ahora, la diosa Madre se encuentra delante de mí en forma humana. Déjeme que le rinda culto.

## Servimos a Cristo en los pobres

En los comienzos, la corporación municipal de Calcuta subvencionaba la Casa del Moribundo con una cantidad mensual fija.

Llegó un día en que pude decir a la corporación que ya no teníamos necesidad de su ayuda, y ésta cesó.

A veces, los pobres a quienes nos corresponde ofrecer nuestros servicios llegan en unas condiciones realmente tremendas: sucios, cubiertos de llagas o consumidos por la sífilis.

Lo primero que hacemos es lavarlos.

En los casos más duros, me encargo yo personalmente de hacerlo.

A pesar de no conocer ni sus nombres ni su lugar de nacimiento, las Hermanas los tratan siempre con mucho amor.

Yo explico a las Hermanas:

—Es a Cristo a quien servís en los pobres. Son sus heridas las que sanáis, sus llagas las que vendáis, sus labios los que laváis. Debéis ser capaces de ver más allá de las apariencias, y de escuchar unas palabras pronunciadas por Jesús hace mucho, pero que son totalmente actuales: *Lo que hiciereis al más pequeño de los míos, a Mí me lo hacéis*. Es como si hubiera dicho que cuando servimos a los pobres, a quien servimos es a Nuestro Señor Jesucristo.


**Morir como un ángel**

Estoy más que convencida de que todas las personas que han muerto con nosotras están en el Cielo.

De que son santos auténticos.

De que están ya todos en la presencia de Dios.

Es posible que en esta tierra no fueran queridos por los hombres, pero son —no me cabe la menor duda— hijos todos muy queridos de Dios.

Me gustaría que conmigo dieseis gracias a Dios Padre por las cosas tan preciosas que nuestras Hermanas han llevado a cabo en la Casa del Moribundo.

La muerte es algo hermoso. Significa una vuelta a casa.

Como es natural, nosotros nos sentimos en soledad respecto de la persona que nos deja.

Pero el hecho en sí es muy hermoso: esa persona ha vuelto a casa, con Dios.

Mi primer contacto con los moribundos abandonados tuvo lugar de esta suerte: mientras un día, en los primeros tiempos de la obra, iba yo en busca de los pobres, descubrí y recogí a una persona abandonada en la calle.

Me encontré con una mujer que se estaba muriendo, medio comida por las ratas.

La llevé al hospital más próximo, pero los encargados de aquel hospital no parecían dispuestos a admitirla.

Al final, ante mi insistencia, la acogieron, muy a regañadientes.

A partir de aquel momento, tomé la decisión de buscar yo misma un lugar para ofrecer a tal clase de personas los cuidados de que tienen necesidad.

Me fui al Ayuntamiento y pedí que me proporcionasen un local, asegurándoles que el resto lo haría yo misma.

Me llevaron al templo de la diosa Kālī, en Kalighat, y me ofrecieron un lugar de descanso que tenían destinado los peregrinos que acuden a rendir culto a la diosa.

Hemos permanecido allí a lo largo de todos estos años y hemos recogido por las calles, en la ciudad de Calcuta, a miles de personas...

## Volver a Dios

Jamás había tenido vergüenza de levantar mi vista hacia la Cruz de Jesús hasta un día en que una joven madre vino a nuestra casa con un niño de tierna edad en sus brazos.

Me dijo que había acudido a dos o tres conventos diferentes para pedir apenas un poco de leche para su hijo.

Le habían contestado:

—¡Lo que es usted es una perezosa! ¡Búsquese un trabajo!

Y cosas por el estilo.

Cuando llegó a nuestra casa, yo le tomé al niño. Y el niño murió en mis brazos.

Tuve vergüenza de mirar a la Cruz de Jesús, porque Jesús nos ha dado tanto y nosotros no somos capaces de dar un vaso de leche para un niño de tan tierna edad...

El otro día me decían las Hermanas que habían estado en cierto lugar y que alguien les había hablado de una mujer que ni se sabía ya cuándo había muerto.

Las Hermanas forzaron la puerta y, ¿qué creéis que encontraron?

¡Las ratas estaban comiendo su cadáver en descomposición!

Las Hermanas trataron de averiguar quién era, qué profesión o trabajo tenía, sus datos de nacimiento, si tenía hijos, si estaba casada...

¡Nadie supo dar razón de ella!

Todos sus vecinos la conocían nada más que por el número de su vivienda.

¡Ni la vecina de enfrente sabía nada sobre ella!

¡Esta es una pobreza tremenda!

¡La soledad, el miedo, esa sensación de no ser queridos, de que nadie se ocupa ni preocupa absolutamente por uno!

Esto es lo que tenemos que tratar de evitar, en primer lugar, en el seno de nuestras propias familias.

Nuestra Casa del Moribundo es un hogar para Cristo, que carece de hogar. Nuestros pobres que tienen hambre son Cristo mismo hambriento.

## Cristo tiene hambre en los pobres

Recibí, no hace mucho, una carta de un brasileño de posición económica y social muy distinguida.

En ella me decía que había perdido por completo la fe en Dios y su confianza en los hombres. Por eso había abandonado su situación y no tenía otro objetivo que suicidarse.

Pero pasando un día delante de una tienda de electrodomésticos, vio un televisor por cuya pantalla estaban desfilando imágenes de nuestra Casa del Moribundo con Hermanas cuidando a enfermos y agonizantes.

Me decía que, tras observar aquella escena, había caído de rodillas y, después de muchos años, había vuelto a rezar. Y que había tomado la resolución de volver a Dios y de creer en los hombres, convencido de que Dios sigue amando al mundo.

Recuerdo que en los primeros tiempos de la obra tuve en cierta ocasión una fiebre muy alta y, en el delirio de aquella fiebre, me vi ante San Pedro mismo.
Él me dijo:
—¡Vete de aquí! ¡En el Cielo no hay chabolas!
Me enfadé mucho con él y le contesté:
—¡Muy bien! ¡Yo llenaré el cielo con habitantes de los suburbios y así habrá chabolas!

Cuando alguien muere, esa persona ha vuelto a casa con Dios.
Allí es adonde todos tenemos que ir.

## Capítulo 8

# MIS AMIGOS
# LOS LEPROSOS

### La medida del amor

Un día observé a un padre y una madre acostados al lado de su hijo recién nacido. Tenían a su criatura entre ambos y cada uno de ellos miraba al pequeño, mientras acercaba a él las manos, retirándolas inmediatamente, para acercarse nuevamente a él como queriéndolo besar y enseguida retrayéndose, para no tocarlo.

¡No lograré olvidar jamás la ternura del amor de aquella madre y de aquel padre hacia su pequeña criatura!

Yo tomé al niño y pude observar a ambos siguiendo a su hijo con la mirada llena de ternura, hasta que desaparecimos de su vista.

¡Qué agonía y qué dolor les causaba aquella separación!

Les resultó muy penoso renunciar de aquella suerte a su hijo recién nacido, pero, puesto que lo amaban más de lo que se amaban a sí mismos, encontraron la fuerza necesaria para hacerlo.

A los padres enfermos de lepra les está permitido ver a sus hijos: lo que no les está permitido es tocarlos.

Resulta conmovedor ver el gran sacrificio que tienen que hacer nuestros padres leprosos por el bien de sus hijos, para que éstos no queden infectados por su enfermedad.

Puedo narrar, entre muchos, el caso de una mujer, afectada de lepra, que había oído hablar de uno de los centros de las Misioneras de la Caridad para el cuidado de los leprosos.

Temerosa de que su única hija de pocos años pudiera haberla contraído también, recorrió muchos kilómetros con la niña a cuestas para que las Hermanas la observasen.

Cuando las Hermanas examinaron a su hija y le aseguraron que la niña estaba sana, su felicidad fue tan grande que no le importó el largo recorrido de vuelta. (Tengo que aclarar que aquella madre, además de la lepra, padecía otra enfermedad que le producía una gran dificultad para caminar. Pero lo que verdaderamente le importaba era su hija.)

## «Nuestra gente»

Hace algunos años, el Gobierno de la India adoptó la decisión de hacer esterilizar a todos los enfermos de lepra.

Sintiéndome yo misma como si fuera una más de tal grupo humano, me decidí a luchar y plantear el siguiente argumento:

—Yo les enseñaré el método de la planificación natural de la familia. Me haré cargo de todos los recién nacidos. Ustedes no tienen el derecho de destruir lo que Dios ha creado de manera tan hermosa en cada ser humano.

A Dios gracias, no lo hicieron.

Como resultado de ello, actualmente tenemos a nuestro cargo a un gran número de enfermos de lepra.

El Gobierno ha puesto a nuestra disposición terrenos en cada Estado para que nos podamos ocupar de la rehabilitación de tales enfermos de lepra: por todas partes, a lo largo y a lo ancho de la India, tenemos hogares para los niños que nacen de las parejas de enfermos de lepra.

Las Hermanas han formado a algunas familias de leprosos, a las que nosotras definimos como «educadoras».

Es muy hermoso verles al atardecer sentados en corro junto con dicha familia «educadora» que les enseña la planificación familiar natural: es decir, cómo planificar la familia dentro de la ley de Dios y sin cometer pecado.

Un grupo de leprosos, de habitantes de los suburbios y chabolas, de mendigos (¡son todos éstos quienes reciben de nosotras la denominación de Nuestra Gente!), acudieron un día a nuestra casa para darme las gracias por el hecho de permitir a las jóvenes Hermanas y Novicias explicarles en qué consiste la planificación familiar natural.

Me dijeron:

—Ustedes, las personas que tienen el voto de castidad, son sin duda alguna las más indicadas para enseñarnos, puesto que el control familiar natural no consiste en otra cosa más que en el dominio de sí mismo dentro del amor mutuo. Les estamos agradecidos por habérnoslo enseñado, ya que de esta suerte nuestras familias permanecen unidas, gozan de buena salud y podemos tener un hijo cuando lo deseamos.

Ha llegado a nuestros oídos que, de acuerdo con las estadísticas del Gobierno, en estos años han nacido entre los mendigos, los leprosos y los habitantes de los suburbios unos 150.000 niños menos sólo en Calcuta, gracias a este método, sin duda maravilloso.

Da alegría ver cómo se ayudan unos a otros a crecer en el amor...

## Lo que importa es el amor

Hace algunas semanas, uno de nuestros Hermanos (quiero decir, de los Hermanos Misioneros de la Caridad) vino a verme, lleno de preocupación y angustia, y me dijo:

—Mi vocación consiste en trabajar con los leprosos (en efecto, él es una persona que ama mucho a los leprosos). Quiero consagrar mi vida y todo mi ser al cuidado de los enfermos de lepra.

Yo le contesté:

—Hermano, tengo la impresión de que está usted cometiendo un error. Su vocación es la de pertenecer a Jesús. Es Él quien lo ha escogido para sí. El trabajo no es más que un medio para poner su amor por Él en acción. De ahí que no tenga mayor importancia el trabajo que usted desarrolla, sino que lo más importante es que usted le pertenece, que usted es de Jesús y que Él le concede todos los medios para hacer lo que hace por Él.

También a nosotros nos sucede exactamente lo mismo.

Es decir, no tiene importancia alguna qué hacemos o dónde nos encontramos; lo fundamental es que no olvidemos que todos pertenecemos a Jesús, que somos suyos, que es Él a quien tenemos que amar; que lo amemos en verdad.

Él es quien nos da los medios: que estemos trabajando entre los ricos o entre los pobres, que trabajemos con personas de la alta sociedad o de clase baja, esto no es lo importante; lo esencial es el amor que ponemos en nuestros actos, con cuánto amor actuamos en nuestro trabajo...

## La ayuda de los que no son cristianos

Un señor de religión hindú, jefe de un grupo religioso, dijo en una reunión que cuando observaba a las

Hermanas mientras llevan a cabo su trabajo al servicio de los pobres, y especialmente de los leprosos, tenía la impresión de que nuevamente Cristo vuelve a la tierra y que pasa por ella haciendo el bien.

Otro señor, también él de religión hindú, que vino a nuestra Casa del Moribundo, confesó:

—La religión de estas Hermanas tiene que ser la verdadera. Cristo tiene que ser verdad, si da fuerzas a estas Hermanas para llevar a cabo semejante obra.

Es así: en efecto, nosotras predicamos sin decir palabras.

Nuestra predicación no consiste en pronunciar discursos, sino en traducir en obras el amor de Cristo y nuestro amor, que se convierte en gesto vivo a través de nuestro servicio a los pobres en sus necesidades.

Nosotras predicamos mediante nuestro servicio a los moribundos, a los que carecen de hogar, a los abandonados por las calles, a los enfermos de lepra, a todos los necesitados...

Nuestro trabajo es muy hermoso y Dios lo ha bendecido.

Bueno, el trabajo en sí mismo no es que sea nada del otro mundo: es algo muy sencillo. Especialmente en la India, son muchos los que llevan a cabo un trabajo parecido al nuestro.

En todo caso, la labor que nosotras estamos intentando realizar ha despertado interés y ha suscitado una toma de conciencia sobre el hecho de que los pobres son hermanos nuestros y de que también ellos han sido creados por la misma mano amorosa de Dios. De ahí ha brotado y sigue brotando una unidad muy real entre unos y otros.

Las gentes empiezan a sentirse más interesadas y generosas en compartir su ayuda.

Por ejemplo, en Calcuta disponemos ahora de muchos más colaboradores no cristianos (también cristianos, es cierto, pero la mayoría no lo son) que vienen regularmente para realizar trabajos humildes, como limpiar, lavar ropas, cocinar alimentos, dar de comer a los pobres y enfermos...

En circunstancias especiales, con motivo de aniversarios y otras parecidas, como cumpleaños y onomásticas, acuden personalmente a dar de comer a nuestras gentes con sus propias manos.

Os puedo asegurar que hace años esto era algo inaudito en un país como la India...

A menudo pido a las gentes que vengan a nuestra Casa del Moribundo.

No les pido que vengan para dar cosas (los bienes materiales en sí mismos los puedo conseguir yo).

Quiero que vengan para dar otra cosa a los pobres moribundos: que les sonrían, que les hagan compañía.

¡Eso significa tanto para los pobres!


### «¡Dígalo otra vez, por favor!»

Tenemos Hermanas que han recibido una preparación particular para poder cuidar a los leprosos.

Es evidente que tomamos todas las precauciones posibles para proteger a las Hermanas.

Las que están adecuadamente preparadas, tienen muy pocos riesgos de contagio.

Naturalmente, todas estamos —¡tenemos que estarlo!— preparadas para que, si tal es la voluntad de Dios, alguna Hermana pueda contraer la enfermedad...

Tenemos muchísimos leprosos bajo nuestro cuidado.

Cada vez que pedimos voluntarias entre las Hermanas para dedicarse al cuidado de los enfermos de lepra, todas las manos se levantan.

No dejaría de sorprenderos un hecho: aun cuando aparecen tan desfigurados y cuando el mirarlos se hace tan penoso, no hay Hermana que no sea capaz de descubrir en ellos a Cristo.

Cierto día, vino a verme un alto funcionario del Gobierno:
Me dijo:
—Era muy rico de bienes materiales. No me faltaba comodidad alguna. Pero un día descubrí que tenía la lepra. Se lo revelé a mi mujer. Ella me dijo: «Sabes cuánto te quiero. Pero por el bien de nuestros hijos, para que no vean esfumárseles la menor oportunidad de contraer matrimonio, tienes que irte de casa.» Ya lo ve, Madre: he tenido que abandonar todo lo que para mí era más querido.

## La Ciudad del Leproso

Tenemos millares de leprosos.
A pesar de su desfiguración, ¡todos ellos tienen un corazón tan grande y son tan maravillosos!
En Calcuta, todos los años organizamos para ellos una fiesta, con motivo de la Navidad.
En las Navidades pasadas, yo estuve presente en la celebración y les dije que lo que tenían era un don de Dios, que Dios los ama con un amor particular, que todos le resultan muy queridos y que lo que ellos tienen no es consecuencia de pecado alguno.
Había un anciano totalmente desfigurado cerca de mí.
Cuando terminé de hablarles, trató de acercarse y me dijo:
—Repita eso otra vez, Madre Teresa. Me ha hecho mucho bien oírselo decir. Siempre había escuchado que nadie nos quiere. Resulta muy hermoso saber que Dios nos ama. ¡Repítalo de nuevo, por favor!

Con el dinero recaudado de la rifa del coche que nos regaló el Santo Padre Pablo VI en 1964, hemos construido un centro de rehabilitación para leprosos, denominado Shantinagar (Ciudadela de la Paz).

En aquel centro tratamos de adiestrar a los leprosos, capacitándolos para reemprender una vida normal.

Sólo en Calcuta tenemos a nuestro cuidado más de 17.000 enfermos de lepra, pero en conjunto, en los diversos centros de los que disponemos, que en la India son unos sesenta, los enfermos de lepra son aproximadamente 75.000.

Procuramos ayudarles a valerse por sí mismos, enseñándoles a hacer las cosas de manera que puedan realizar una vida normal.

El mayor sufrimiento para los leprosos consiste en verse rechazados por parte de todos, en saber que nadie desea su compañía o proximidad.

Nosotras nos esforzamos para devolverlos a una nueva vida. Intentamos curarlos, y la verdad es que hemos conseguido resultados ciertamente halagüeños y consoladores.

Muchos de ellos han recobrado la salud, ya que si se les acude a tiempo, pueden recuperarse por completo.

## Hijos sanos de padres leprosos

Tratamos de dispensar a los enfermos de lepra nuestro más tierno amor y nuestros cuidados.

Estamos en contacto muy estrecho con ellos y nuestro objetivo es disponer de centros de rehabilitación por todo el país.

Queremos que se sientan realmente amados y atendidos, y que vean que no huimos de ellos.

Como es natural, tratamos de tenerlos apartados, pero sin que tengan que experimentar la angustiosa sensación de la segregación.

Como todos saben, ya desde los primeros tiempos, desde los momentos de la vida pública de Jesús, los leprosos eran rechazados por parte de todos.

Tenían que ocultarse en los cementerios y huir de todo el mundo; hasta estaban obligados a hacer sonar una campana cada vez que pasaban por zonas habitadas, de manera que las gentes pudieran evitar su proximidad y contacto.

Hoy en día, el amor a Jesús está llevando cada vez a mayor número de personas a amar y cuidar a los leprosos.

La cantidad de atendidos por nosotras va en continuo aumento.

Con ello, un número creciente de leprosos está empezando a darse cuenta de que hay alguien que los ama, de que hay quienes los quieren.

En los centros que tenemos para atender a los leprosos estamos intentando construir también hogares infantiles.

El milagro del cielo consiste en que el hijo de una pareja de leprosos, en el momento de su nacimiento, está totalmente limpio, totalmente sano.

Antes de que el niño nazca, nosotras tratamos de preparar a sus padres para que, por su bien, acepten renunciar a él.

Tienen que entregarlo enseguida después de nacer, antes incluso de darle un beso, ni de darle el pecho.

Nosotras nos hacemos cargo del recién nacido.

## Capítulo 9

# PARA LOS NIÑOS DIOS HACE MILAGROS TODOS LOS DÍAS

**Un niño es un regalo de Dios**

Creo que una de las razones de que tengamos hoy tantas familias infelices y rotas, y de que haya en el mundo tanta infelicidad y sufrimiento, es que la mujer ha abandonado el puesto que le corresponde en el corazón del hogar.

Resulta muy doloroso habituarse a lo que está ocurriendo en varios países de Occidente: se destruye al niño, por el temor de tener muchos, y para no tener que alimentar una boca más, ni ofrecerle educación.

Creo que quienes llegan a tales extremos son las personas más pobres que hay en el mundo.

Si mi madre no me hubiera querido, no habría Madre Teresa.

Recuerdo al respecto mi encuentro con una mujer que había abortado ocho años antes.

Me confesó:

—Madre, cada vez que veo a un niño, me invade una pena indecible. Pienso que mi hijo ahora tendría su misma edad. Que el año pasado tendría siete años, que este año tendría ocho. Y, pronto ya, nueve.

Era una mujer hindú, no cristiana.

Pero no importa: hasta el final de sus días la

acompañará esa obsesión: «¡He dado muerte a mi propio hijo!»

Un niño es un regalo de Dios.

Para mí, el país más pobre es el que llega a causar la muerte a criaturas no nacidas para poder disponer de cosas fuera de lo corriente, y por razones de placer y de comodidad.

¡Se llega a sentir miedo de tener que dar de comer a un hijo más!

En Calcuta estamos intentando combatir el aborto mediante adopciones.

En la India puede ocurrir que se abandone a un niño en la basura, o detrás de una puerta, en la oscuridad: lo que jamás hará nadie es producirle la muerte.

## Más de seis mil niños

En Calcuta disponemos de un hogar para niños minusválidos y abandonados (también en otras partes disponemos de hogares parecidos).

A menudo se dan casos de padres que no están en condiciones de poderlos alimentar.

No es infrecuente el caso de que también ellos estén impedidos, por ser ciegos o padecer alguna enfermedad grave. En tales casos, puede ocurrir que no estén en condiciones de hacerse cargo de un hijo.

Muchas veces recogemos a estos niños junto con sus padres, que tienen que ser trasladados a la Casa del Moribundo, la casa a la que las Hermanas conducen a personas recogidas por las calles, en las esquinas apartadas, en las alcantarillas, en los rincones más impensados de la ciudad.

Se trata de seres carentes de afecto, de cuidados. De enfermos. A menudo, de moribundos.

Acudimos en su ayuda, llevándoles toda la alegría

de que somos capaces, así como el auxilio material de que carecen...

En nuestros hogares para niños recogidos por las calles, hay pequeños muy diferentes unos de otros.

Intentamos que los que se encuentran bien de salud sean adoptados por familias.

Últimamente, hemos encontrado muchas familias de religión hindú que se han hecho cargo de nuestros niños, tomándolos consigo y acogiéndolos con generosidad y cariño.

Para los niños que no podemos dar en adopción, procuramos conseguir padres que los apadrinen, con miras a garantizarles una buena educación.

Tenemos más de seis mil niños, de cuya educación en colegios ha habido personas que han corrido con los gastos.

Naturalmente, esto permite entrever para ellos un futuro más brillante y seguro, incluso más hermoso.

## «¡Por Dios, Madre, no diga eso!»

En la India no tropezamos con las dificultades que, por el contrario, existen en los países ricos.

Nuestros pobres no abortan.

Ciertamente, la madre alumbrará a su hijo.

Es posible que tras el parto lo deposite en el cubo de la basura (yo he recogido a muchos niños de los cubos de la basura), pero lo que no hará jamás una madre india es matar a su criatura.

Nosotras estamos combatiendo el aborto mediante adopciones.

Es hermoso ver cómo nos ha bendecido Dios: el Gobierno indio nos ha dado todos los permisos para dar en adopción a estos niños.

Nuestros hogares están siempre rebosantes de niños.

Resulta muy hermoso comprobar a cuántas vidas ha llevado unidad y paz la alegría y el amor de un niño.

He visto a madres y padres carecer de cosas indispensables, y hasta mendigando, con tal de cubrir las necesidades de sus criaturas.

He visto a una madre abrazando con ternura indescriptible a un hijo suyo paralítico, de corta edad.

Aquella mujer experimentaba un amor lleno de comprensión hacia los sufrimientos de su pobre hijo.

Recuerdo a una mujer con doce hijos, el mayor de los cuales padecía subnormalidad profunda.

Me resulta imposible describir cómo era aquel niño, tanto física como mentalmente.

Me ofrecí para acogerlo en nuestra casa, donde ya teníamos —¡tenemos!— muchos otros en iguales o parecidas condiciones.

Aquella madre prorrumpió a llorar, diciéndome:

—¡Por Dios, Madre, no diga eso! ¡No lo diga, por favor! Este hijo constituye para mí y para mi familia el mayor regalo de Dios. Todo nuestro cariño está centrado en él. Nuestras vidas quedarían vacías si se lo lleva.

¡El suyo sí que era un amor comprensivo!

### Niños privados de amor

Pocos días antes de emprender un viaje, acudió a nosotras una mujer afectada de una grave enfermedad. Traía consigo a su hijo.

Nos hizo entrega del pequeñuelo, diciendo:

—Tengo los días contados. Por favor, háganse cargo de este hijito mío.

Nos encargamos del niño, asegurándole que podía venir a verle mientras estuviera en condiciones de poderlo hacer.

Aquella heroica mujer hacía diariamente un recorrido de cuatro o cinco kilómetros para venir a ver a su hijo.

No se atrevía a tocarlo. Y me decía:

—Madre, el ver que usted quiere tanto a este hijito mío me hace muy feliz. Yo no lo quiero tocar, por miedo a contagiarle mi enfermedad.

Hace algunas semanas, justamente a medianoche, oí como gemidos de un niño delante de la puerta de nuestra casa.

Al bajar, me encontré con un niño pequeño (desde luego, no podía tener más de siete años).

Me dijo llorando:

—Fui adonde mi padre y me rechazó. Crucé la calle, yendo adonde estaba mi madre, y tampoco ella me quiso. ¡Quiéreme tú, por lo menos!

En la angustia de aquel niño estaba reflejado, al mismo tiempo, el desmembramiento de una familia.

¡Un niño indefenso no era querido por su madre ni por su padre!

¡Son tan numerosos los casos parecidos!

Por doquier existen casos de niños que carecen de amor y de cuidados...

## Los niños «intocables»

No puedo recordar en este momento en qué ciudad me encontraba: lo que sí recuerdo es que se trataba de una donde no había logrado ver un solo niño.

Echaba yo mucho de menos a los niños, pero sucedió que vi cruzar la calle a una joven señora que empujaba un carrito.

Fui corriendo hacia ella para ver a su hijo.

Comprobé, con más disgusto que sorpresa, que en aquel coche-cuna no había ningún niño.

¡Había un perrito!

El hambre materna de aquella joven señora buscaba satisfacción de aquella suerte.

Necesitaba algo, y al no tener un hijo, tenía que acunar a un perrito.

Hay muchos casos en que se rechaza al niño y se vuelcan los cuidados sobre animales.

Se reservan alimento y cuidados particulares para los animales.

Tengo que confesar que a mí me gustan mucho estos animales, pero no puedo soportar que un perro ocupe el lugar de un niño.

Uno de los niños abandonados que teníamos en nuestro Shishu Bhavan de Calcuta se lo entregué a una familia de clase alta y muy rica, que quería adoptar un niño.

Unos pocos meses más tarde, oí que el niño había enfermado seriamente y que se estaba quedando paralítico.

Acudí a la familia y les propuse:

—Denme a este niño y se lo reemplazaré por uno con buena salud.

El padre me miró y dijo:

—Antes prefiero que me maten a que me quiten al niño.

Lo amaba con sincera ternura.

Todas las noches, en Calcuta, nosotras mandamos una comunicación a las clínicas y estaciones de policía, lo mismo que a los hospitales, rogándoles no hagan desaparecer a ningún recién nacido y diciéndoles que nosotras nos haremos cargo de ellos.

Por eso, nuestra casa está siempre a rebosar de niños.

Hasta el punto de que circula por Calcuta una broma: «La Madre Teresa está siempre hablando de planificación familiar y de aborto, pero lo cierto es que ella no los practica: los niños cada día van en aumento en sus hogares.»

## Para los niños Dios hace milagros todos los días

Y sí es verdad que tenemos muchos niños en nuestras casas.

Pero Dios hace milagros: no hay día en que una o dos familias no acudan con deseos de adoptar a un niño.

Muchas de tales adopciones vienen de fuera, pero también las hay numerosas en la India.

Para nosotras, que vivimos y trabajamos entre indios, éste es uno de los mayores milagros que podían ocurrir.

De acuerdo con la doctrina social de las castas, tanto yo como las Hermanas y nuestros niños, pertenecemos a la clase de los llamados intocables.

Por esa razón, acoger a uno de nuestros niños en el seno de una familia hindú resulta algo increíble. A pesar de ello, tales familias los están acogiendo y, de acuerdo con la legislación india, el niño tomado en adopción asume un parentesco de carne y sangre con la familia que lo ha adoptado superior al de cualquier otro país del mundo.

Este es uno de los mayores milagros que ha obrado Dios.

Recuerdo una circunstancia en que confié a la señora Indira Gandhi lo que estábamos haciendo con nuestros niños.

Ella me dijo:

—¡No! Eso es imposible.

Yo le contesté:

—Lo estamos haciendo. Luego, debe ser posible.

Dios ha sido infinitamente bueno con nosotras: tenemos siempre una gran cantidad de padres deseosos de ofrecer un hogar a un niño, de volcar sobre él todo su amor.

## Las jóvenes de Bangladesh

La señora Gandhi había aprobado una ley en la que se establecía que si una familia no tiene hijos y dispone de mucha tierra, debe ser despojada de ella.

El resultado de tal medida es que nuestros niños han entrado en bloque a formar parte de las mejores familias.

Han sido adoptados, de acuerdo con la ley hindú, por las mejores familias: y ahí radica el milagro, puesto que nuestros niños forman parte de la casta de los llamados intocables (para una familia brahmana, para una familia de clase alta, acoger a esos niños supone un tremendo vuelco en la estructura social india).

Cuando fuimos invitadas a Bangladesh para hacernos cargo de las jóvenes que habían sido violadas por los soldados, tuvimos que abrir un asilo para ellas.

Tropezamos con grandes dificultades, puesto que era contrario a las leyes, tanto musulmana como hindú, dar acogida en la sociedad a jóvenes que habían sido violadas.

Tuvimos que hacer frente a un escollo muy serio, pero cuando Mujibur Rahmān declaró a tales jóvenes como Heroínas de la Patria, afirmando que habían tenido que luchar en defensa de su pureza y de su país, sus propios padres vinieron para acogerlas.

También hubo muchos hombres jóvenes que se ofrecieron para contraer matrimonio con ellas. Pero acudieron asimismo bastantes médicos dispuestos a practicar abortos a tales jóvenes.

Yo me encontraba presente en aquellos momentos.

Había una doctora que persistía en afirmar que un niño no nacido no es un ser humano.

Yo le pregunté:

—En el caso de que estuviese usted casada y llevase un ser en su vientre, ¿sería un ser humano o no?

Ella me contestó con ingenuidad:

—Bueno, ésa sería otra cuestión.

Fue una tremenda lucha con aquella gente.

Yo les dije:

—Nuestras jóvenes han sido forzadas y violentadas: ellas no querían el pecado. En cambio, lo que ustedes quieren hacer, o lo que quieren ayudarles a llevar a cabo, eso sí que es cometer un asesinato, y esto no las abandonará durante toda su vida: jamás podrán olvidar que, en cuanto madres, ellas fueron las asesinas de sus propios hijos.

Gracias a Dios, el Gobierno de Bangladesh comprendió que yo estaba dispuesta a hacerme cargo de los niños, y que no iba a permitir que ninguno de ellos fuera abortado.

En consecuencia, resolvieron por escrito que sólo en caso de que una joven optase libremente por el aborto, se permitiría intervenir a los médicos; de lo contrario, ninguna otra persona podría hacerlo.

De esta suerte, se nos permitió poner a salvo a muchos niños y a muchas jóvenes.

La parte más hermosa fue que más tarde se demostró que aquellas jóvenes habían sido obligadas por la fuerza a soportar lo ocurrido, y por eso fueron proclamadas Heroínas de la Patria.

Ocurrió que de los cuarenta niños que acogimos en nuestro orfanato, más de treinta fueron adoptados por familias del Canadá y de otros países: por familias estupendas.

Pero un buen número de ellos fueron aceptados por sus propios parientes.

El aborto no es otra cosa que un verdadero asesinato.

Me pregunto qué es lo que ha podido ocurrir en nuestros corazones de seres humanos.

Lo que está ocurriendo es algo completamente antinatural.

Resulta evidente que algo se ha perdido, que algo se ha roto.

Ya lo he dicho y no ceso de repetirlo:

—El hecho más destructor de la paz en nuestros días es la destrucción del niño, el asesinato del niño.

Cómo una madre puede llegar hasta tal extremo es algo que supera la capacidad humana de comprensión.

## Capítulo 10

# EL PREMIO NOBEL DE LA PAZ Y OTRAS COSAS

**¡Odio la publicidad!**

Si voy al cielo ha de ser a cuenta de todo lo que tengo que soportar por causa de la publicidad.

Os aseguro que odio todo eso.

¿Qué sentido tiene todo el ruido de que vivimos rodeadas?

Otros hacen un trabajo parecido al nuestro. Acaso hasta lo realicen mejor.

¿Por qué, pues, fijarse tanto en nosotras?

Una mañana recibimos una llamada telefónica del Gobierno de Nueva Delhi, para decir:

«¡Enhorabuena! Le ha sido concedido el premio Nobel de la Paz»[1].

---

[1] De todos los recibidos por la Madre Teresa, el premio Nobel de la Paz de 1979 fue, sin duda, el más espectacular, y acaso también uno de los más consistentes por su dotación económica (190.000 dólares), pero estuvo precedido por muchos otros, la mayoría de ellos importantes y significativos.

Es el caso de recordar, entre otros, el Magsaysay, que le fue otorgado en 1962 como «la mujer más benemérita de Asia»; el de la Fundación Kennedy (1971), por «su amorosa entrega en favor de los desposeídos del mundo entero»; el premio Nehru (1972) a la «comprensión internacional»; el Juan XXIII de la paz (1971); el Templeton (1973), «a la calidad del testimonio religioso», y un buen número de doctorados *honoris causa* en Teología, Ciencias humanas, Derecho, Medicina, etc., por universidades norteamericanas, canadienses y europeas.

Interiormente dije:

—¡Que sea para la gloria de Dios!

Fue sorprendente: en pocos días recibimos una montaña de telegramas de jefes de Estado, de primeros ministros.

Hasta recibimos uno del Presidente Tito y otro del Gobierno comunista chino.

No merezco premios, ni los apetezco personalmente.

Pero, a través de este galardón, el pueblo noruego ha reconocido la existencia de los pobres. Lo acepto en nombre de ellos.

Al concederme este premio, se ha honrado a aquellos que, a todo lo largo y ancho del mundo entero, comparten la tarea de servir a los pobres más pobres, esparciendo entre los hombres el amor de Dios.

Yo me encontraba en Kalighat, en la Casa del Moribundo, el día en que nos llegó la noticia de que me había sido concedido el premio Nobel de la Paz.

Al volver a casa, encontré el recibidor lleno de fotógrafos y de reporteros de televisión.

Les pregunté qué hacían allí y me dijeron que habían acudido al eco de la noticia llegada desde Noruega.

Se pusieron a hacerme fotos y luego empezó a llegar gente. Toda clase de personas, pobres y ricos. Y telegramas. Y cartas. Cada día más. Unas veces, ochenta. Otras, más todavía.

## ¡Ay!, las entrevistas

Tengo que decir que si acepto acudir a los diferentes actos públicos es porque en ellos se me brinda la oportunidad de hablar de Jesús a gentes que, de lo contrario, apenas si tendrían la posibilidad de oír hablar de Él.

Lo he dicho en alguna ocasión y es verdad: me cuesta más dificultad contestar a una entrevista que curar a un leproso.

Los actos de Oslo fueron maravillosos: todos rezaron en un lugar donde jamás antes lo habían hecho.

Estábamos todos reunidos en un salón para la entrega del premio y, apenas se me brindó una oportunidad de hablar, dije:

—Habiéndonos reunido todos para dar gracias a Dios por el premio Nobel de la Paz, pienso que sería muy hermoso que invocásemos la paz.

Y todos juntos entonamos la oración de San Francisco, *Señor, haz de mí un instrumento de tu paz,* que había sido distribuida a todos los asistentes.

Fue algo maravilloso: todos rezaban.

Luego hablé en contra del aborto y dije:

—Estamos en el Año Internacional del Niño. Les hablo en nombre del niño no nacido. Abortar significa dar muerte a un niño, a un ser humano: no querer que el niño viva, y darle muerte. Hoy día, el medio más destructor de la paz que existe es el aborto. Muchas personas están muy interesadas por los niños de la India y de África, donde muchos mueren por desnutrición. Pero en otros países, son millones los niños que mueren por voluntad expresa de sus padres. Si una madre puede matar a su propio hijo, ¿qué diferencia hay en que nos matemos unos a otros? [2].

---

[2] En realidad, el discurso —aunque la palabra «discurso» insinúa mayor solemnidad formal y retórica que la que revistió— dirigido por la Madre Teresa a los presentes con motivo de la entrega del premio Nobel de la Paz, fue bastante más extenso de lo que recoge este resumen, y tocó algunas temas más que el del aborto. No se trató, no obstante, de una disertación novedosa con respecto a los temas que la Madre Teresa aborda con reiterada insistencia, sin que por eso resulten monótonos, sobre todo desde el punto de vista de la elocuencia que ella les imprime a través de su íntima convicción.

Al pasar por Roma en el viaje de regreso, el Santo Padre me dijo:

—No deje de hablar de esta manera en todas partes.

## La gente quiere «ver»

Me siento muy indigna de recibir ningún premio.

Pero los acepto para gloria de Dios, en nombre y representación de los pobres: de los no amados, de los no queridos, de los marginados.

Los recibo en nombre de todos aquellos hermanos y hermanas nuestros que están olvidados, que no saben qué es el amor humano, qué es el contacto con sus semejantes.

Los acepto en nombre de todos ellos. Y, en nombre de todos ellos, doy las gracias a quienes me los conceden.

Hace unas semanas, un grupo de alumnos de colegios hindúes vino a vernos desde muy lejos.

Habían tomado parte en unas competiciones deportivas y pidieron al director que en lugar de trofeos les entregase dinero.

Luego le dijeron:

—Ahora déjenos ir adonde la Madre Teresa. Queremos hacerle entrega del dinero para las personas que tiene recogidas.

Fue algo muy hermoso que renunciasen a emplear el dinero en sí mismos.

Son muchos a nuestro alrededor, y en todo el mundo, los que quieren compartir con los pobres.

Cada vez que recibo dinero o algún premio, siempre lo acepto en nombre de los pobres, a quienes reconocen en mí.

¿Qué soy yo?

¡Nada! ¡No soy nada!

Es a los pobres a quienes ven en mí y a quienes en realidad desean que vayan a parar sus donativos, viendo lo que hacemos.

Hoy la gente quiere «ver».

¿Por qué nuestra congregación se encuentra esparcida por el mundo entero?

Porque la gente ve lo que hacemos. Ve que damos de comer a Cristo que tiene hambre, que vestimos a Cristo que está desnudo, que nos cuidamos de los enfermos, los moribundos, los enfermos de lepra.

Y, como ven, creen.

¡Cuán triste sería que no fuéramos auténticos en nuestro obrar!

## Pase para dos personas

Un día, con motivo de uno de mis viajes por Estados Unidos, fui a ver al arzobispo monseñor Fulton Sheen [3], que se encontraba en el hospital, aquejado de una grave dolencia.

Me dejaron pasar a verle, pero con la condición de que no le hiciera hablar.

Parecía muy débil.

Le entregué una pequeña estatuilla de Nuestra Señora, que llevaba en mi bolso.

Él tomó la estatua y la besó.

Yo llevo siempre una pequeña estatua de la Virgen en mi bolso.

A veces, por alguna razón muy especial, me desprendo de ella en favor de alguna persona.

---

[3] Eclesiástico estadounidense que fue obispo auxiliar de Nueva York y de la diócesis de Rochester. Había nacido en 1895. Falleció en 1979. Fue un fecundo escritor y conferenciante, convirtiéndose, por su brillantez y fotogenia, en verdadero divo de la televisión. Puso estas capacidades al servicio de su ministerio pastoral, lo que le valió el calificativo de «micrófono de Dios».

Pero enseguida me procuro otra.

Nuestra Señora es mi acompañante en los viajes.

Con motivo de la fundación de una de nuestras casas, pedí al obispo del lugar que me regalase una estatua de la Virgen Milagrosa.

El obispo así lo hizo y empaquetó la estatua en una gran caja.

Yo disponía de un pase ferroviario para «la Madre Teresa y una acompañante».

El revisor quería que pagase por la caja donde iba la estatua, pero yo me negué.

—Tengo un pase para mí y para una acompañante —aduje—. Mi acompañante es esta estatua de la Virgen.

Y, en efecto, me consintieron llevarla, sin necesidad de pagar por el sobrepeso de la caja.

Algunas compañías aéreas nos ofrecen pasajes gratuitos para nuestros desplazamientos.

Hasta ahora yo solía volar con Air India, pero últimamente se le han unido otras compañías aéreas.

En una ocasión recibimos seis pasajes gratuitos para un vuelo internacional y envié a seis Hermanas con un equipaje de 500 kg de peso.

De entrada, los empleados se quedaron atónitos. Era la primera vez que ocurría algo semejante, ya que el peso permitido para tales vuelos es de 20 kg por persona.

Sólo que el pase no especificaba peso alguno.

Decía simplemente: «Seis Hermanas con sus equipajes.»

Por ello, aprovechamos para empaquetar mantas, medicamentos, vajilla: todo lo necesario para poner en marcha un centro de atención a los pobres.

Pueden imaginarse la cara que pusieron los empleados de la compañía cuando las Hermanas se acercaron para el control de embarque cargadas con sus respectivos fardos.

Pero nadie las detuvo: tanto ellas como su medio quintal de equipaje llegaron felizmente a su destino.

¿Quién no descubre aquí las ventajas que ofrece la pobreza total y la dependencia absoluta de la Divina Providencia?

# Capítulo 11
# MI VIDA Y MI FE

**Renunciaría a mi vida, pero no a mi fe**

Lo que da sentido a mi vida es el amor de Dios.
Es a Cristo, en su imagen dolorida, a quien amo y sirvo.
Jesús ha dicho: *Tuve hambre, y me disteis de comer; tuve sed, y me disteis de beber; estaba desnudo, y me vestisteis; carecía de hogar, y me ofrecisteis cobijo.*

Nadie me puede despojar de mi religión.
Nadie podrá impedirme que la practique.
Nadie me la podrá arrebatar.
Es algo que está muy dentro de mí.
Si no hubiera para mí otra alternativa que la persecución, y si tal es el camino por el que Cristo quiere venir entre los suyos, irradiando su amor a los hombres a través de mis actos, yo no dejaré de ofrecerles mis servicios, pero sin renunciar jamás a mi fe.
Estoy muy dispuesta a renunciar a mi vida, pero no a mi fe.

Por mí misma, yo no soy nada.
Él lo es todo.
Por mí misma, nada soy capaz de hacer.
Jesús lo hace todo.

Esto es lo que soy: un lápiz de Dios.
Un débil lápiz con el que Él escribe lo que quiere.

Dios escribe por nuestro medio.
Y por muy imperfectos que seamos en cuanto instrumentos, Él escribe lo que desea.

## Ignorar a los pobres es ignorar a Cristo

Trato de amar a Dios con todo mi corazón y con todo mi ser.
Me he entregado a Él por entero, a pesar de mis faltas e imperfecciones.
Él me ha aceptado como esposa, con ternura y amor.
Para el resto de mi vida, seré esposa de Jesús Crucificado.

He aceptado la representación de los pobres del mundo entero: de los indeseados, de los no amados, de los preteridos, de los maltrechos, de los ciegos, de los leprosos, de los alcohólicos, de los marginados por la sociedad, de todos aquellos que han llegado a olvidar el calor del cariño humano y el contacto con los demás.
He llegado a convencerme radicalmente de que el mayor mal y el sufrimiento más duro consisten en sentirse indeseados, no queridos, descuidados por los demás, despreciados, en no ser nada —no significar nada— para nadie.

Por mi parte, me esfuerzo en ofrecer a los pobres, a través del amor, lo que los ricos pueden conseguir con su dinero.

Yo jamás tocaría a un leproso ni por un millón de rupias.
En cambio, lo hago de buen grado por amor de Dios.

Cuando compruebo el descuido y desconocimiento que reina en nuestro alrededor respecto de los pobres, comprendo mejor la tristeza de Cristo por no haber sido reconocido por los suyos.

Quienes hoy día desconocen y rechazan a los pobres, siguen ignorando y rechazando a Cristo.

Los pobres nos honran permitiendo que los sirvamos.

## Nuestra manera de servir a Dios

La Misa es el alimento espiritual que me sustenta.

Sin ella no lograría mantenerme en pie un día, ni siquiera una sola hora de mi vida.

En la Misa, Jesús se nos presenta bajo las apariencias de pan, mientras que en los suburbios vemos a Cristo y lo tocamos en los cuerpos desgarrados, lo mismo que lo vemos y tocamos en los niños abandonados.

A veces me produce tristeza constatar lo poco que somos capaces de hacer.

A pesar de ello, son muchos los que nos alaban por lo que llevamos a cabo.

En realidad, lo que hacemos es apenas una gota de agua en un inmenso océano; algo tan pequeño que a duras penas tiene algún efecto en la inmensidad de los sufrimientos humanos.

Si hay personas convencidas de que Dios desea de ellas que trabajen para dar un vuelco a las estructuras de la sociedad, eso es una cuestión planteada entre ellas y Dios.

Cada uno de nosotros tenemos que servirle en la circunstancia concreta a la que Él nos ha llamado.

Yo me siento llamada a ofrecer mi ayuda a los individuos, a amar a cada pobre.

Lo mío no es trabajar con instituciones, ni me encuentro capacitada para juzgar a los demás.

En la Eucaristía, nosotras vemos a Cristo bajo las apariencias de pan.

En los suburbios, lo descubrimos bajo la apariencia dolorida de los pobres. Pero Eucaristía y pobres no constituyen sino un único amor para mí.

Sólo en el cielo lograremos tomar conciencia cumplida de cuán deudores somos de los pobres por la ayuda que nos ofrecen para amar mejor a Dios.

Es fácil amar a los que viven muy lejos.

No siempre resulta tan fácil amar a los que tenemos cerca de nosotros mismos.

Es más fácil ofrecer un plato de arroz que aliviar la soledad y la pena de alguien que carece de amor en nuestro propio hogar.

## El milagro de nuestra felicidad

Nuestros pobres lo son por la fuerza.

Nosotras elegimos libremente la pobreza.

Queremos ser pobres como Cristo que, siendo rico, eligió nacer, vivir y trabajar en medio de los pobres.

Nuestras Constituciones establecen:

«Nosotras y nuestros pobres ponemos toda nuestra fe en la Divina Providencia. No nos avergonzamos de pedir de puerta en puerta como miembros de Cristo, que vivió de limosnas durante su vida pública y a quien servimos en los enfermos y en los pobres.»

Si la congregación es obra de Dios, sin duda permanecerá.

Pero si las Hermanas hubiesen de fallar en su fidelidad, si dejasen de trabajar para la gloria de Dios, Dios podría llegar a permitir que la congregación desapareciese.

El milagro no consiste en que seamos capaces de llevar a cabo la labor que realizamos.

El milagro consiste en que, a pesar de ello, somos felices.

Lo que nosotras hacemos, no es nada.
Él lo hace todo.
Toda la gloria debe rendirse a Él.

Dios no pretende de mí que tenga éxito.
Dios me pide que sea fiel.

He recibido un gran don de Dios: gozo de buena salud.

## El poder de la oración

Tanto como necesitamos la respiración, tenemos necesidad de orar.

Sin la oración, no podemos hacer nada.

Para mí es sumamente importante ser cristiana.

Para mí eso lo significa todo, puesto que cada individuo tiene que actuar de acuerdo con la gracia que Dios da a su alma.

Dios concede a cada una de las almas que ha creado la oportunidad de encontrarse cara a cara con Él, de aceptarlo o de rechazarlo.

Dios posee sus propios métodos y sus propias maneras de trabajar los corazones de los hombres.

Nosotros nunca sabremos qué cerca de Dios se encuentra cada uno de ellos.

Pero, a través de sus actos, podremos siempre saber si están a su disposición o no.

La manera en la que cada uno vive su vida es la demostración de si uno es completamente de Dios o no, sin que importe que sea hindú, musulmán o cristiano.

Mi tiempo está por completo a disposición de los demás.

Lo mismo les ocurre a las Hermanas.

Trabajan sin descanso en favor de los enfermos y de los niños.

No nos queda tiempo ni siquiera para escribir cartas.

Así les indico que digan a cuantos nos escriben:

—No lo toméis a mal si no recibís contestación. Nuestro trabajo es mucho y no nos queda tiempo ni para escribir cartas.

En muchos lugares existe una costumbre muy querida de los cristianos: el toque del Ángelus.

Así, en una ciudad en la que se encuentran las Hermanas, escucharon la siguiente queja:

—¿Qué pasa, que ya no podemos escuchar el toque del Ángelus? Nos gustaba rezar a la Virgen en cuanto las campanas sonaban para anunciar la buena nueva de la Encarnación del Salvador.

Trasladada la queja al párroco, éste adujo que carecía de tiempo para tocar tres veces al día la campana y que la parroquia no podía pagar a una persona que lo hiciese.

Las Hermanas se brindaron para hacerlo.

De esa manera, las gentes se sienten muy felices de poder rezar de nuevo el Ángelus.

Los pobres tienen hambre de Dios.

Están deseosos de escuchar que se les hable de Él.

No es la mayor de sus preocupaciones carecer de cosas materiales.

Les gusta escuchar que tienen en los Cielos un Padre que los ama.

### Dios ama el silencio

Si no tenemos a Jesús en nuestros corazones es imposible darlo a los demás.

Todos y cada uno de nosotros deberíamos convertirnos en mensajeros del amor de Dios.

Sólo que, para poder hacerlo, tenemos antes que profundizar en nuestra vida de amor, de oración y de sacrificio.

Hemos de llevar paz, amor y bondad al mundo que nos rodea.

Para ello, no tenemos necesidad de cañones ni de bombas.

Necesitamos sólo un profundo amor y una profunda unión con Cristo. Ello nos capacitará para darlo a los demás.

La bondad y el amor tienen que crecer en nosotros desde dentro, a partir de nuestra unión con Cristo.

El amor por la familia, por nuestros vecinos y por todos los pobres será un fruto natural de esta unión con Él.

Profundicemos pues en nuestro amor por Jesús, en nuestro conocimiento de Dios.

Ese conocimiento nos llevará a amarlo.

Y el amor nos llevará a servirlo, a constituirnos en instrumentos de paz, de amor y de compasión.

Hemos de encontrar a Dios, pero esto no es posible en medio del ruido y de la inquietud.

Dios es amigo del silencio.

Ved cómo la naturaleza —los árboles, las flores, la hierba del campo— crece en silencio.

Ved cómo las estrellas, la Luna y el Sol se mueven en el silencio.

¿No consiste acaso nuestra misión en llevar a Dios a los pobres de los suburbios? No un Dios muerto, sino un Dios viviente y amante.

Cuanto más recibamos en la oración silenciosa, más podremos repartir en nuestra vida activa.

Tenemos necesidad de silencio para ser capaces de llegar hasta las almas.

Lo esencial no es lo que nosotros digamos, sino lo que Dios nos diga y diga por nuestro medio.

Todas nuestras palabras resultarán inútiles, a no ser que nos broten desde dentro.

Toda palabra que no refleje la luz de Cristo, contribuye a aumentar la oscuridad.

Si de verdad aspiramos a crecer en el amor, hemos de volver a la Eucaristía y a la adoración.

Hasta 1973 teníamos en nuestro instituto media hora semanal de adoración al Santísimo.

Pero entonces, con motivo del Capítulo general, decidimos por unanimidad fijar una hora diaria de adoración.

Tenemos mucho que hacer, como es bien sabido, porque nuestros hogares para enfermos, leprosos y niños abandonados están en todas partes a plena ocupación.

Sin embargo, nos mantenemos fieles a nuestra hora diaria de adoración.

Pues bien: desde que introdujimos este cambio de la hora diaria de adoración, nuestro amor por Jesús es más íntimo, es más comprensivo nuestro amor recíproco, reina una mayor felicidad entre nosotras, amamos más a nuestros pobres. Y, lo que es más sorprendente, se ha doblado el número de vocaciones.

**Silencio y generosidad**

El hombre tiene necesidad de silencio.

De permanecer solo o en compañía, pero mirando a Dios en el silencio.

Es allí donde logramos acumular ese poder interior que luego revertimos en la acción, que ponemos en nuestras tareas más pequeñas y que empleamos en los más difíciles compromisos que pueden llover sobre nosotros.

El silencio precedió a la Creación.

Los cielos se esparcieron por el firmamento inmenso sin necesidad de ni siquiera una palabra.

Cristo nació al caer de la noche.

Y no hay ni ha habido poder semejante al suyo: no combatió, ni gritó, ni dejó que su voz se escuchara en las calles.

Alguien me preguntó en una ocasión qué me parece lo más importante en la formación de las Hermanas.

Contesté:

—El silencio. El silencio interior y el exterior.

El silencio es esencial en una casa religiosa.

El silencio de la humildad, de la caridad; el silencio de los ojos, el silencio de los oídos, el silencio de la lengua.

No existe vida de oración sin vida de silencio.

Tenemos en la India un teólogo muy famoso, que es también un sacerdote ejemplar.

Lo conozco.

Una vez le dije:

—Padre, usted habla y escribe continuamente sobre Dios. Tiene que estar por fuerza muy cerca de Él.

¿Queréis saber lo que me contestó?:

—Es posible que hable yo mucho de Dios y que hable muy poco con Él.

Y añadió:

—Puede ser que me esté dedicando a multiplicar palabras y a llenar cuartillas con cosas muy hermosas, en tanto no tengo tiempo para escuchar en las profundidades de mi alma. Porque es en la profundidad del silencio donde se percibe la voz de Dios.

Silencio y, a continuación, bondad y caridad.

El silencio lleva a la caridad.

La caridad, a la humildad.

Caridad de unos con otros, aceptándonos mutuamente, a pesar de nuestras diferencias.

La caridad, como vínculo de unión en una comunidad.

La caridad lleva a la humildad. Tenemos que ser humildes.

Me impresiona la humildad de Dios.

Dios se humilló a sí mismo.

Él, que poseía la plenitud de la divinidad, tomó forma de esclavo.

Hoy mismo, Dios sigue dando muestras de su humildad, sirviéndose de instrumentos tan pobres como somos nosotros: unos instrumentos tan débiles, tan imperfectos, tan inadecuados...

Con el silencio, la alegría del corazón.

La alegría de servir a Dios y de llevar a cabo su trabajo.

Esa alegría no tiene por qué ser incompatible con la humildad.

Santa Teresita, la Pequeña Flor, dio una explicación muy simple de su entrega a Jesús:

—Soy como una pequeña pelota entre sus manos, con la que Él se entretiene en jugar, la lanza lejos o la deja olvidada en un rincón. Y luego, como un niño que quiere saber qué hay dentro de ella, la rompe.

Eso ha de ser toda Misionera de la Caridad: como una pequeña pelota en manos de Jesús, a quien le concede autorización para que haga de ella lo que quiera, como quiera y cuando quiera.

## El tallo y las uvas

Nuestro primer centro de Italia fue el de Tor Fiscale, en las afueras de Roma.

En el patio hay una viña, que se poda todos los años.

Una vez, en tiempos de la poda, yo me encontraba allí de paso.

Miraba y me preguntaba:

—¿Cómo podrán brotar hojas y sarmientos y uvas de estos tallos?

Pero el hombre que estaba podando era un experto. Y realizaba su trabajo con seguridad.

Pensé que aunque yo no me lo pudiera explicar, seguramente, a mi vuelta unos meses más tarde, comprobaría que hojas y sarmientos y uvas habrían brotado de aquellos tallos.

Eso debemos ser nosotras: como vides que el Padre puede podar. Como jardines que Él puede limpiar y regar.

En el canto del *Magnificat,* María exclamó estar llena de gozo *porque Aquel que es todopoderoso ha hecho cosas grandes en mí.*

Me gusta decir a las Hermanas que no tienen por qué tener miedo de realizar cosas buenas a los ojos de los hombres.

Jesús nos dijo: *Así resplandezca vuestra luz delante de los hombres que, al ver vuestras obras buenas, den gloria a vuestro Padre que está en los cielos.*

—Es por eso —digo a las Hermanas—, por lo que los hombres han de ver vuestras buenas obras: en realidad, es Cristo quien las lleva a cabo por vuestro medio.

A mí no me produce la menor preocupación o incomodidad que las gentes demuestren tener aprecio por lo que realizamos las Misioneras de la Caridad.

Más bien me alegro. Porque encuentran en ello una razón para dar gloria a Dios.

## Una entrevista para la BBC

Las invitaciones que me llueven de todas partes para hablar en público se suceden sin interrupción.

El hecho constituye una verdadera prueba para mí: preferiría que esto no sucediera.

Cuando tengo que hablar en público, hago así: cierro los ojos y dejo que Jesús hable por mí.

Yo me limito a seguir su inspiración.

Mientras hablo, no miro al auditorio que está delante de mí.

Miro fijamente enfrente de mí, por encima de las cabezas de los presentes.

Y doy libre curso al mensaje de Jesús.

En una ocasión, me pidieron una entrevista para la BBC [1].

Me acogieron en el estudio y me llevaron a una pequeña habitación con una mesa y dos sillas.

Tomé asiento en una de las sillas y me puse a rezar el rosario.

Enseguida llegó el entrevistador y empezó a hacerme preguntas.

Mientras yo hablaba, contestando a sus preguntas, no dejaron de sacarme fotografías.

Pero la cosa no iba conmigo: yo me limité a seguir

---

[1] *British Broadcasting Corporation*: La cadena estatal de televisión del Reino Unido. Fue la primera televisión europea, si no ya del mundo, que ofreció a través de sus pantallas la imagen de la Madre Teresa. Aquella comparecencia televisiva, de la mano del periodista Malcolm Muggeridge, fue un espaldarazo para el conocimiento y la sensibilización por parte del mundo occidental de la personalidad y la obra de la Madre Teresa. Ocurrió al final de los años sesenta.

Y fue también la primera de muchas otras comparecencias de la Madre Teresa, en ningún caso solicitadas sino más bien «sufridas» por ella, en todas las pantallas televisivas del mundo. ¡El bien, cuando es auténtico, no es menos noticia que el mal, pese a nuestros pesimismos! «¡El bien es contagioso!», gritó con énfasis aquel gran cristiano que fue Pablo VI, vibrando ante el ejemplo de la Madre Teresa. Ocurrió el 6 de enero de 1972, cuando, con la basílica de San Pedro engalanada de fiesta, hizo entrega a la religiosa albano-india del premio Juan XXIII de la Paz en su primera edición.

hablando, mirando hacia adelante frente a mí, sin siquiera mover la cabeza.

Fiémonos de Dios.
Tengamos una fe ciega en la Divina Providencia.
Tengamos fe en Dios.
Él lo sabe todo.
Y Él proveerá.
Démosle ocasión de comprobar nuestra fe en Él.
Esperemos en Él.
Fiémonos y tengamos fe en Él.

### Fe y amor

Que seáis santos: no pido otra cosa para cada uno de vosotros.

El camino para la santidad es la oración.

Tenemos que creer, y convertir nuestra fe en real y viva por medio del amor.

Empezad cada uno en vuestro propio hogar.

Es más difícil amar en el propio hogar que amar a los que viven fuera y lejos.

Amad.
Amad a Jesús en el prójimo.
Servidle en los demás.
Amad hasta sentir dolor.
El amor verdadero es siempre doloroso.
Pero es también, por eso mismo, real y puro.

La oración se reduce simplemente a hablar con Dios.

Él nos habla y nosotros le escuchamos.
Nosotros le hablamos a Él y Él nos escucha.
Un doble proceso de hablar y escuchar.
Rezad a menudo esta oración: «Jesús, desde lo profundo de mi corazón, creo en tu tierno amor por mí y te amo.»

Cuanto más recemos, más fácil nos resultará hacerlo.

Cuanto más fácil se nos hace la oración, más rezaremos.

Pedid a los sacerdotes de vuestra parroquia que os enseñen a orar.

Pedídselo: os enseñarán de buen grado.

Recitad despacio el Padre Nuestro.

Rezad en vuestras casas todos los días, aunque no sea más que durante cinco minutos.

## Santidad y sufrimiento

Ayudad a vuestras familias a tomar conciencia de los pobres.

Animadlas a tratar de hacer algo en favor de tantos seres que pasan necesidad, de tantos seres que pasan hambre.

Por vuestra parte, vivid con sencillez.

Dad ejemplo a través de una vida sencilla.

El espíritu de pobreza es dependencia de Dios.

Fiaos de Él.

Haced compañía y dispensad amor a los pobres más pobres.

Debéis esperar el sufrimiento como algo normal.

Cuando sufrís, es una señal de que Jesús está cerca de vosotros.

En tales casos, Jesús está muy cerca, sin separar de vosotros su mirada.

El sufrimiento nos vacía de nosotros mismos para hacer lugar a Jesús.

Sin nuestro sufrimiento, nuestro trabajo no pasaría de ser un trabajo social más.

Un trabajo bueno y provechoso, pero que no sería la obra de Cristo Jesús, su obra redentora.

Jesús quiso ayudarnos compartiendo nuestra misma vida, nuestra soledad, nuestra agonía, nuestra muerte. Se hizo uno con nosotros, para redimirnos.

Se nos pide que hagamos lo mismo.

Toda la desolación de los pobres, no sólo su abandono espiritual, debe ser redimida.

Nosotros tenemos que compartirla, porque sólo siendo una misma cosa con ellos podremos redimirlos, es decir, llevando a Dios a sus vidas y llevándolos a ellos a Dios.

## El regalo de los novios

Cada vez que viajo a Europa o América, me impresiona mucho la infelicidad de las gentes. La infelicidad de tantas personas que viven en países de notable prosperidad material.

En los países de Occidente es impresionante el número de hogares deshechos, la cantidad de niños abandonados por sus propios padres.

A veces se presta poca atención a la principal tarea, que consiste en ocuparse ante todo de los propios hijos, en fomentar la unión entre las parejas, en construir hogares donde los hijos reciban el afecto de sus padres.

Se constata, tanto en América como en Europa, que la abundancia de riquezas materiales coexiste con una auténtica carencia de valores espirituales.

Si algo hay que no me preocupa es el dinero.

Llega siempre.

Todo lo que hacemos, lo hacemos por el Señor.

Por ello, Él se tiene que ocupar de nosotras.

Si Él quiere que realicemos algo, no dejará de procurarnos los medios para llevarlo a cabo.

Si Él no nos hace llegar los medios, es señal de

que no quiere que nos dediquemos a esa obra particular.

En tal caso, desistimos de emprenderla.

Hace unas semanas, vino a verme una pareja de recién casados y me hizo entrega de una cantidad muy considerable de dinero para los pobres.

Les pregunté de dónde habían sacado tanto dinero.

Me contestaron:

—Hace dos días que contrajimos matrimonio. Pero ya antes de la boda habíamos tomado la decisión de renunciar a los trajes y fiestas de bodas, para poderle hacer entrega del dinero para sus pobres.

Sé bien lo que tal sacrificio representa para una familia hindú.

Por eso les pregunté:

—Pero, ¿y por qué lo habéis hecho?

Ellos me contestaron:

—Es tan grande el amor que nos tenemos, que queríamos compartirlo con sus pobres. Y eso ha representado para nosotros una alegría indecible.

## Lo que Jesús es para mí

Esto es Jesús para mí:

El Verbo hecho carne.

El Pan de Vida.

La Víctima, que se ofrece en la Cruz por nuestros pecados.

El Sacrificio, que se ofrece en la Santa Misa por los pecados del mundo y por los míos propios.

La Palabra, que ha de ser dicha.

La Verdad, que se ha de contar.

El Camino, por el que debemos caminar.

La Luz, que se debe encender.

La Vida, que se debe vivir.

El Amor, que debe ser amado.
La Alegría, que se ha de compartir.
El Sacrificio, que se debe ofrecer.
La Paz, que se debe sembrar.
El Pan de Vida, que se debe comer.
El Hambriento, a quien se debe alimentar.
El Sediento, cuya sed se debe apagar.
El Desnudo, a quien se debe vestir.
El Desalojado, a quien se debe ofrecer cobijo.
El Enfermo, a quien se debe curar.
El Solitario, a quien se debe amar.
El Inesperado, a quien se debe esperar.
El Leproso, cuyas heridas hay que lavar.
El Mendigo, a quien debemos sonreír.
El Alcohólico, a quien debemos escuchar.
El Subnormal, a quien debemos ofrecer protección.
El Recién Nacido, a quien debemos acoger.
El Ciego, a quien debemos guiar.
El Mudo, a quien debemos prestar nuestra voz.
El Inválido, a quien debemos ayudar a caminar.
La Prostituta, a quien debemos apartar del peligro y brindarle nuestra amistad.
El Prisionero, a quien debemos visitar.
El Anciano, a quien debemos servir.

Jesús es mi Dios.
Jesús es mi Esposo.
Jesús es mi Vida.
Jesús es mi único Amor.
Jesús es mi Todo.
Jesús es para mí lo Único.

## Capítulo 12

# EL MAÑANA ES DE DIOS

**En nuestras casas, la capilla es lo primero**

En 1975 celebramos las bodas de plata de nuestra congregación.

Sucesivamente, hemos venido celebrando otros aniversarios, por este orden: el de la Casa del Moribundo (nosotras la conocemos bajo la denominación india de Nirmal Hriday, «Corazón Inmaculado»), que tuvo comienzo el 22 de agosto de 1952, justamente en la solemnidad del Inmaculado Corazón de María; el del Hogar para Niños abandonados (que conocemos con el nombre de Shishu Bhavan); y el de nuestros primeros votos en la congregación como Misioneras de la Caridad.

Como culminación de estos aniversarios, quisimos celebrar el jubileo de Jesús: un año dedicado a festejar de manera especial a Jesús Nuestro Señor.

Como uno de los frutos especiales de dicho jubileo, nos propusimos fundar veinticinco nuevas casas, todas ellas —como cada una de las de nuestra congregación— con sus capillas y tabernáculos para albergar a Jesús.

Lo primero que llevamos a cada una de nuestras casas es un tabernáculo y un cáliz para la Misa.

Cada vez que abrimos una nueva casa, Jesús se establece en ella.

Los obispos y sacerdotes alemanes nos regalaron cada uno de los veinticinco tabernáculos y cálices necesarios para las nuevas fundaciones del año jubilar de Jesús.

La casa número 25 del año jubilar de Jesús fue la que abrimos en Beirut.

En las nuevas fundaciones, lo primero de que nos ocupamos es de la capilla.

Tiene que ser la mejor habitación de la casa, al ser para Jesús.

A veces, cuando llegamos a un país para abrir una casa, la única habitación que está preparada es la capilla.

En verdad, es lo más importante.

La capilla es siempre lo primero que mostramos a nuestros visitantes o huéspedes.

Es la habitación de Jesús, que es el verdadero Dueño de cada una de nuestras casas.

## Los primeros veinticinco años de nuestra congregación

Como queda dicho, las bodas de plata de nuestra congregación tuvieron lugar en 1975 (la congregación había sido aprobada el 7 de octubre de 1950, en la festividad de Nuestra Señora del Rosario).

Fueron unas celebraciones exclusivamente de oración,

Algo tan agotador como maravilloso.

Las gentes acudieron a rezar con nosotras y por nosotras.

Todos dimos gracias a Dios por lo que Él ha llevado a cabo a través de las Misioneras de la Caridad.

Con la autorización del señor arzobispo, acudimos a rezar cada día a un templo o iglesia.

Rezamos, en días sucesivos, con las comunidades

de religión hindú, sijh, budista, zoroastrista, judía, anglicana, protestante, etc.

Fue algo realmente extraordinario.

Para la celebración de las bodas de plata de la congregación, yo quería sencillez, sin gastos, conciertos ni decorados.

Sólo, acción de gracias a Dios.

Así lo expresé a las Hermanas:

—Quiero que Dios sea la figura central de nuestra celebración, de tal suerte que la atención de todos converja hacia Él, y todos se percaten de que la obra es suya y no nuestra.

A las Hermanas, Hermanos, pobres, colaboradores, y a cuantos comparten nuestro trabajo en el mundo entero les dirigí una carta diciendo:

«Por los veinticinco años que hemos pasado unidos al servicio de Dios, ofreciendo a Cristo, en su imagen dolorida, un servicio de todo corazón y generoso, años en los que hemos vivido, trabajado y rezado unidos, digamos:

Gracias, Jesús, por amarnos con un amor profundo y personal.

Gracias, Jesús, por habernos hecho entrega de tu Cuerpo y Sangre.

Gracias, Jesús, por el privilegio de servir a los pobres.

Gracias, Jesús, por todo, especialmente por ser Jesús para cada uno de nosotros, y por amarnos como el Padre te ama a Ti.»

## Nuestros muertos están en el Cielo

Cuando celebramos nuestras bodas de plata, quisimos expresar nuestra gratitud a los pobres por haber aceptado nuestro servicio de amor con una confianza tan ciega, por haber aceptado nuestra generosidad y nuestros cuidados.

Dije entonces:

—Demos gracias a los miles y miles de personas que nos han ayudado a servir a los demás, ricos y pobres. A los ricos, por haber abierto sus corazones para dar hasta sentir dolor. A los pobres, por haber compartido lo poco que tenían y por haber tenido el coraje de compartirlo todo.

Para el jubileo de la Nirmal Hriday escogimos como fecha el primero de noviembre.

La razón es que en ese día la Iglesia Católica celebra la festividad de Todos los Santos, es decir, de todos los que han muerto en el amor de Dios.

Por tanto, sus almas se encuentran disfrutando de la bienaventuranza del Cielo.

Yo estoy firmemente convencida de que todas nuestras gentes, que han muerto tan serenamente en la Casa del Moribundo, ofreciendo sus vidas en las manos de Dios, están disfrutando en la visión de la gloria eterna.

Recordarlos en la festividad de Todos los Santos nos brindó la oportunidad de mostrar nuestra gratitud a todos los colaboradores que, con su generosa ayuda, hicieron posible que pudiésemos estar al frente de aquella casa.

Con motivo de la celebración, invitamos a altos ejecutivos de las empresas y a miembros destacados de la sociedad, a que acudiesen personalmente a servir a los pobres.

No los invitamos a que enviasen sus regalos, sino a que acudiesen ellos mismos para ver a los pobres, para establecer un contacto personal y para tomar conciencia de su situación, para servirlos con sus propias manos.

La respuesta fue espléndida.

Los pobres se sintieron conmovidos, viendo a personas tan bien vestidas y refinadas que les servían con naturalidad y cariño.

## Generosidad de los niños pobres

Celebramos también una fiesta para los niños.

Los directores de algunas grandes empresas acudieron para repartir comida entre los niños de los arrabales.

Para los niños más pobres, las Hermanas quisieron preparar ropas especiales, de manera que pudiesen acudir a su fiesta vestidos decentemente.

Creo que todos los niños lo pasaron muy bien.

La fiesta tuvo como escenario un hermoso parque de Calcuta.

Al moverme por entre los diferentes grupos, descubrí que muchos niños no comían más que un dulce del paquete que se les había repartido conteniendo pasteles, bollos, golosinas, frutos secos, etc.

Cuando les pregunté por qué lo hacían, me contestaron que tenían otros hermanitos en casa y que querían compartir los dulces con ellos.

Los niños pobres tienen una idea muy arraigada de lo que es compartir todo lo que reciben: más, acaso, que los hijos de los ricos.

Al día siguiente, dimos de comer a unos 20.000 pobres aproximadamente.

Recordé el consejo de Jesús en el Evangelio: *Cuando des una fiesta, no invites a los ricos sino a los pobres, a los cojos, a los ciegos. Sal por los caminos y senderos, recógelos y dales de comer. Tu recompensa ha de ser grande, ya que ellos no pueden compensarte ni invitarte a su vez.*

Una de las cosas más hermosas de aquella fiesta fue que los mismos que la habían hecho posible con sus espléndidos regalos, sirvieron con sus propias manos y con toda naturalidad a los festejados.

## El futuro es de Dios

Es posible que os interese saber lo que contesté a un periodista que me hizo una pregunta que ya me habían hecho también otras veces.

Me preguntó:

—¿Qué será de las Misioneras de la Caridad después de la Madre Teresa? ¿Quién se encargará de dirigir la congregación?

Le contesté lo siguiente:

—Eso no me preocupa. Dios encontrará una persona más humilde, más fiel, más cumplidora, más obediente a Él; una persona más sencilla, pero con una fe más profunda, por medio de la cual realizará Dios cosas mayores, que ayudarán a que la congregación haga más bien.

El futuro no está en nuestras manos.

No tenemos ningún poder sobre él.

Sólo hoy podemos actuar.

Hay un enunciado en nuestras Constituciones que dice así:

—Dejemos que Dios planee nuestro futuro, porque el ayer ya ha pasado, el mañana no ha llegado aún y sólo tenemos el hoy para hacerlo conocer, amar y servir. Por eso, todo lo intentaremos sin desconfianza, pues para Dios todo es posible.

Apenas alguien empieza a apoyarse en el dinero, empieza también a perder el contacto con Dios.

—Que Dios nos libre de ello: sería mejor morir —digo a menudo a las Hermanas—. No debemos caer jamás en el hábito de preocuparnos por el futuro. No tenemos razón para hacerlo: Dios está ahí.

*El mañana es de Dios* 217

Tenemos que sentirnos muy felices de ser pobres.

Si nos dejamos atrapar por la ambición del dinero, detrás vendrá la ambición por las cosas que el dinero puede proporcionar: cosas superfluas, casas lujosas, manjares exquisitos, mayor número de vestidos, electrodomésticos y otras cosas.

Nuestras necesidades irán en aumento, porque unas cosas llaman a otras.

El resultado de todo ello será una permanente insatisfacción.

### Compartir con alegría

Dios nos da alegría para que, a nuestra vez, la demos a los demás.

Dios nos da alegría para que la compartamos con los demás.

Dios, a veces, nos da cargas, para que aprendamos a sobrellevarlas.

La vida es más alegre cuando damos.

El amor es más dulce si lo compartimos.

Las cargas pesadas se vuelven ligeras cuando aprendemos a sobrellevarlas.

Debemos esforzarnos por ser el resplandor de Dios para las personas que viven a nuestro lado.

Aprendamos a perdonar por amor y a olvidar con humildad.

Sólo así alcanzaremos la paz y la fraternidad verdaderas.

Conservad en vuestros corazones, como una fuerza, la alegría de ser amados por Jesús, porque Él es fiel a su promesa.

El amor de Dios por nosotros y nuestro amor por Dios están a nuestro alcance.

Cuando hacemos bien o mal a alguien, deberíamos poner la mano sobre nuestro pecho y recordar lo que Jesús dijo: *Lo que hiciereis al más pequeño de mis hermanos, a Mí me lo hacéis.*

## El milagro de cada día

No basta con decir:
—Amo a Dios, pero no amo a mi prójimo.

San Juan dice que quien afirma amar a Dios y no ama al prójimo, no es más que un mentiroso.

¿Cómo puede alguien amar a Dios, a quien no ve, si no ama al prójimo, a quien ve, a quien toca y con quien vive?

Algo de lo que es muy importante que nos demos cuenta es que el amor, para ser auténtico, tiene que doler.

Jesús sintió dolor a causa de su amor.

A veces siento enfado, pero jamás experimento frustración.

Cuando observo despilfarro, cuando veo que se estropean cosas que otras personas necesitan, cosas que podrían llegar a evitar muertes: sí, confieso que siento enojo.

Todos, de una manera u otra, tenemos nuestras propias debilidades.

A veces, se ven desde fuera.

Otras veces, las llevamos por dentro.

No me cansaré de repetirlo: en mis recorridos por el mundo —y no sólo por los países pobres—, he descubierto que la pobreza de Occidente es mucho más difícil de desarraigar.

Cuando recojo a alguien con hambre por las calles, le doy un plato de arroz o un trozo de pan y, con ello, su hambre queda saciada.

Pero una persona que ha sido desechada por la sociedad, es víctima de una pobreza mucho más hiriente y difícil de desarraigar.

Hoy día está de moda hablar de los pobres.

Conocerlos, amarlos y servirlos es muy otra cosa.

Alguien me preguntó, en cierta ocasión, si había experimentado algún milagro en mi vida.

Contesté:

—Hay una especie de milagro cada día. No pasa ninguno sin que aprecie alguna delicada atención por parte de Dios, sin algún signo de su amor y cariño. El mayor milagro de todos es que Dios se sirva de tales nulidades, de seres tan insignificantes como nosotras para realizar su obra de amor.

# ANEXOS

# LA MADRE TERESA
# DESDE CERCA

### De la difícil parte de los pobres

Habría que conocer en profundidad la historia de la Iglesia Católica para situar en un contexto más adecuado la comparación con las Misioneras de la Caridad. Pero tampoco semejante referencia sería definitivamente válida. Lo que pudiera ocurrir en la cristiandad menos secularizada y más fanática de la Edad Media, por ejemplo, y hasta en épocas más recientes, tenía un contexto de muy escaso parecido cultural y antropológico respecto de lo que ocurre en esta última década del siglo XX (incluso, de lo que ha venido ocurriendo a partir del ecuador del siglo que agoniza).

Es posible que en siglos anteriores —la Edad Media, y aun después— las órdenes religiosas experimentasen desarrollos «numéricos» de parecidas proporciones. No podían darse, en cambio, las mismas proporciones geográficas, ya que el mundo era más «pequeño».

Hoy no existe caso de institución monacal alguna con un desarrollo, a la vez geográfico y numérico, como el que ha experimentado la congregación iniciada por la Madre Teresa de Calcuta en 1948, aprobada «provisionalmente» por Pío XII en 1950, y con carácter definitivo por Pablo VI en 1964.

La cuestión admitiría otros detalles aclaratorios para apreciarse más adecuadamente. El detalle, por ejemplo, de que si hay una congregación religiosa que haya nacido desprovista de esos medios económicos que parecen servir hasta para «promocionar» ideales pretendidamente religiosos, ésa fue la de las Misioneras de la Caridad de la Madre Teresa. O el referido a que si ha habido una congregación que naciera en un contexto desde el que no cabía imaginar un flujo de tal dirección, sino apenas de dirección inversa, en tiempos de comunicaciones sociales y logísticas como las actuales, fue asimismo la fundada por la religiosa albano-india.

Algo que se origine en Estados Unidos, o en una Europa cada vez (parece ser) más unida y potente, tiene perspectivas y encuentra facilidades instrumentales para su «exportación» al Tercer Mundo, ámbito del que la India es un significativo emblema. Lo opuesto es mucho más difícil. Pues bien: ha ocurrido, y sigue ocurriendo, con la congregación de las Misioneras de la Caridad de la Madre Teresa.

Hay más todavía. En estos años y décadas de ideologías, incluso religiosas (o pseudo religiosas) más o menos *light,* sorprende que tomen arraigo, desde las condiciones y circunstancias anteriormente mencionadas, actitudes de tal manera radicales. Tan radicales como lo es la vida de pobreza y de una renuncia gozosa y consciente a las comodidades, como la que implica la profesión de las Misioneras de la Caridad (y también la de otras instituciones complementarias que tienen su origen inmediato en el carisma de la Madre Teresa de Calcuta. Se trata de instituciones con un grado de adhesión en algunos casos menos radical que la de las Hermanas, pero que supone igualmente la renuncia voluntaria al disfrute egoísta de las cosas de este mundo, y la opción preferente y gratuita por el servicio a los más pobres entre los pobres).

## La prueba del «ir y ver»

Cuando se habla del prodigioso desarrollo de las Hermanas de la Madre Teresa, conviene matizar que no se trata de un desarrollo casual ni a ciegas, apoyado en un insuficiente «conocimiento de causa».

Es verdad que la congregación fundada por la Madre Teresa de Calcuta se alimentó inicialmente de jóvenes de la India.

Pero no todas las que la siguieron e imitaron, y desde luego no las primeras, procedían de la infraclase social de los parias.

Las primeras habían sido alumnas suyas en un colegio de pago, surtido predominantemente de hijas de la burguesía colonial angloeuropea, donde ella dio clase durante veinte años como monja de otra congregación: la de las popularmente llamadas «Damas Irlandesas», de las que, justo es decirlo, nunca la Madre Teresa ha dejado de hablar con admiración y cariño. Un cariño —¡no digamos admiración!— al que corresponden las «Damas Irlandesas», que se sienten muy hermanadas (casi gemelas) con las Misioneras de la Caridad.

Unas pocas entre aquellas primeras Misioneras de la Caridad, aun siendo indias, procedían de familias económicamente más que acomodadas. Claro está que, cuando otras solicitaron su ingreso, la fundadora no se dejó guiar por ningún clasismo opuesto, y no rechazó a las de origen humilde.

¿Por qué se decía unas líneas más arriba que el desarrollo de la congregación no ha sido «casual ni a ciegas»? Porque siempre ha estado y sigue estando precedido de un contacto directo de las candidatas a monjas de tal congregación con la realidad de la vida que quieren abrazar.

En el Evangelio se narra que los dos primeros discípulos que quisieron seguir a Jesús, le preguntaron:

—*Maestro, ¿dónde vives?*

Y que Jesús les contestó:
—*Venid y ved.*

El Evangelio añade que *fueron, vieron dónde vivía y se quedaron en su compañía* (Juan 1, 35-39).

Las Hermanas de la Madre Teresa tienen acuñada la expresión *come and sees* (sustantivización del *Venid y ved*) para referirse a aquellas jóvenes (o no tan jóvenes, porque no admiten candidatas por debajo de los dieciocho años) que, deseosas de entrar a formar parte de la congregación de las Misioneras de la Caridad, se ven invitadas a hacer antes una experiencia concreta —*venid y ved*— de la vida que pretenden seguir.

La experiencia, cuya duración mínima nunca es inferior a los quince días, incluye la rigidez de horarios (empezando por levantarse muy temprano, para rezar), la austeridad de vida y la dureza del trabajo, que son los mismos que los de las Hermanas profesas.

La prueba suele resultar muy útil. De hecho, algunas no tardan en convencerse de que lo que las lleva a solicitar la prueba es un espejismo. Enseguida se echan atrás. Otras, no tan convencidas ellas mismas, se ven amablemente desaconsejadas de proseguir por la Hermana responsable. Pero también las hay que aún se convencen más de que en esa vida es donde, paradójicamente, serán felices. No, desde luego, porque las atraiga ningún masoquismo psicoanalizable, sino por muy otras razones. Desde 1976, año en el que entraron las dos primeras, hasta finales de 1991, ya habían sido unas cuarenta las jóvenes españolas que habían profesado entre las Hermanas de la Madre Teresa, tras realizar todas las experiencias y pruebas de rigor. Y de... garantía.

## De Calcuta a Barquisimeto

Nacida en la India, y con cerca de una veintena ya de casas para cuando, tras la aprobación definitiva por parte del papa Pablo VI en 1964, adquirió «capacidad jurídica» para extenderse por el mundo católico entero, la congregación de las Misioneras de la Caridad estableció su primera casa fuera de su país de origen en 1965.

El país que acogió tal primera «sucursal» fue uno tan remoto de Calcuta y de la India como Venezuela. La diócesis beneficiaria fue la de Barquisimeto, desde donde las había «reclamado» su obispo.

La cosa tuvo algo de accidental. Estaba en marcha el Concilio Vaticano II, para el que se habían reunido en Roma todos los obispos romano-católicos del mundo.

Las sesiones matinales de aquellos dos mil «padres conciliares» experimentaban un par de interrupciones formales para que éstos pudiesen, según gustos o manías, tomar café, té, manzanilla, o simple agua mineral en un bar instalado al efecto. Quienes no deseasen bebidas podían estirar las piernas en un breve paseo por las naves de la basílica vaticana. Ni más ni menos que lo que ocurre en cualquier ministerio, y en las oficinas donde no se trabaja a destajo, sino a «ritmo humano».

El breve *break* también les permitía intercambiar puntos de vista. Y conocerse entre sí.

En el «bar conciliar» de la basílica vaticana, el obispo de Barquisimeto, monseñor Benítez, entabló conversación con un arzobispo de origen australiano, más tarde cardenal, monseñor James Robert Knox, adscrito al servicio diplomático de la Santa Sede. En aquel momento era delegado apostólico del Vaticano en la India, con residencia en Nueva Delhi.

En presencia de su circunstancial interlocutor, monseñor Benítez habló de que echaba en falta en su diócesis un grupo de monjas que se pudiesen ocupar de la promoción humana y de la instrucción religiosa de una clase particular de personas: las chicas jóvenes. Se trataba, en muchos casos, de jóvenes explotadas. En algunos, de jovencísimas madres solteras sin perspectivas humanamente dignas para sí mismas ni para sus criaturas.

Al delegado apostólico en Nueva Delhi le pareció que para la situación de que se lamentaba el obispo venezolano hubiera venido al pelo un centro atendido por unas monjitas indias que él conocía y apreciaba mucho (por cierto, las Misioneras de la Caridad tuvieron siempre en él a un generoso bienhechor, al que profesaron —y aún profesan a su memoria— una inmensa gratitud).

El siguiente paso, convencido el obispo venezolano de la oportunidad de la solución que le proponía el eclesiástico australiano, fue dirigir una petición formal a la Madre fundadora.

Recibida la carta, la Madre Teresa decidió viajar a Venezuela, de paso que lo hacía también a Estados Unidos, donde existía ya un movimiento minoritario pero muy eficaz en favor de su institución. Quería inspeccionar *in situ* las condiciones humanas y religiosas que se le proponían para la fundación de la primera «sucursal» de la congregación fuera de la India.

La Madre Teresa, o quien ella delegue, siempre actúan de la misma manera. La primera condición para abrir una casa en otro país o diócesis es ser invitadas por la legítima autoridad eclesiástica. Pero, apenas puede, se traslada para comprobar si las condiciones de vida son tales que justifiquen el establecimiento de un centro atendido por unas religiosas nacidas para ocuparse de los «más pobres entre los pobres».

Es requisito indispensable la existencia de unas duras condiciones de pobreza. Pobreza que no se identifica exclusivamente con la carencia de cosas materiales. El concepto de pobreza que la Madre Teresa tiene y enseña a sus Hermanas es de un alcance más real y profundo que la simple carencia de recursos económicos. Hay otras manifestaciones de pobreza que considera igualmente dolorosas y sangrantes, que la motivan y estimulan su interés afectivo y concreto de subvención.

## A la primera casa le siguieron muchas otras

Tras Cocorote-Barquisimeto, vendrían muchas otras casas de las Misioneras de la Caridad fuera de la India, además de las cerca de medio centenar con que cuentan en el país donde nacieron.

A modo de referencia cabe constatar que en el año del quinto centenario del descubrimiento de América —tópicos aparte—, a las Hermanas sólo les faltaban tres o cuatro para las trescientas casas. Estaban ya presentes en noventa y seis países. Y eran unas tres mil religiosas profesas. ¡Es una cifra ciertamente sorprendente, considerando que, en ese tal quinto centenario, la congregación aún no había cumplido el medio siglo de existencia!

En la propia Venezuela, a la de Barquisimeto siguieron otros centros de trabajo en los arrabales de Caracas, con proyección a barrios que se denominaban Catia La Mar, Las Peñas, Marroquiña, Crucito, Puerto Marín... Son cinco o seis los centros que tienen en la patria de Simón Bolívar.

En Venezuela y en otros lugares, la diferencia entre los centros y casas de las Misioneras de la Caridad y las casas y centros de otras instituciones similares —una diferencia que no se destaca por «lo odioso de las comparaciones»— es que las casas y centros de las monjas de la Madre Teresa son siempre muy modestos, tanto en dimensiones como en... valor catastral. Los centros de otras instituciones suelen ser, por razones no necesariamente censurables, más llamativos y, en algunos casos, incluso «faraónicos».

Las Hermanas de la Madre Teresa están ya presentes en las mayoría de los países de América Latina: Argentina, Brasil, México, Panamá, Colombia, Chile,

Bolivia, Puerto Rico, Haití, Honduras, Guatemala, Uruguay.

Hasta se fundaron dos casas en Nicaragua, cuando todavía mandaban allí los sandinistas, y cuatro en Cuba, con el beneplácito de Fidel Castro y de la revolución; y aún más, obviamente, de los obispos de la isla caribeña.

Tienen también numerosas casas en Estados Unidos: unas quince casas; y cerca de ciento cincuenta Hermanas «nativas». Están en Nueva York, donde tienen varias. Y en Washington. Y en Detroit. Y en Saint Louis. Y en Miami.

Es que... también en Estados Unidos hay pobres: hay enfermos terminales de sida, hay alcohólicos...

## Una casa en la diócesis del Papa

Pero ya antes de extenderse de Venezuela a los demás países del área latinoamericana habían abierto casas (desde comienzos de los setenta) en África (Tanzania), en Australia (Adelaida, Melbourne y Canberra) y en Europa (Inglaterra e Italia).

En Italia, empezaron por Roma. Fue nada menos que el propio papa Pablo VI quien quiso que abriesen una casa en su diócesis.

Pablo VI (a quien el régimen de Franco, con la complicidad de algunos eclesiásticos que casi confundían al César con Dios, hizo pasar por enemigo de España) fue un gran admirador y bienhechor de la obra de la Madre Teresa, aunque en raras ocasiones exteriorizase tal admiración. Sí lo hizo claramente en un caso. En 1964, cuando emprendió la era de los grandes viajes papales más allá de las fronteras italianas, hizo uno a la India, que fue su segundo, tras el viaje a Tierra Santa, con motivo de un congreso eucarístico celebrado en Bombay. Para sus movimientos por el país (visitó Bombay, Calcuta, Nueva Delhi), los católicos norteamericanos le habían regalado un enorme coche descapotable (los «papamóviles» blindados vendrían después).

Terminada la visita, en el momento mismo en que se disponía a tomar el avión de vuelta a Roma, Pablo VI anunció que hacía entrega de la *limousine* que le habían regalado los católicos norteamericanos, a la Madre Teresa de Calcuta, para su «obra de amor universal». (La Madre Teresa agradeció el regalo del Papa, pero no hizo uso de él. Prefirió rifarlo, y destinó la recaudación de la rifa a la construcción de un poblado autárquico para leprosos.)


### Una casa cerca de la via Appia

Fue en 1971 cuando Pablo VI invitó a la Madre Teresa para que abriera una casa de la congregación en Roma.

La religiosa india aceptó obedientemente la invitación. Pero la pasó una vez más por el cumplimiento de la regla que ella misma fijara para el instituto y que, en el momento ya dicho, había contado con la aprobación del Pontífice.

El Papa mismo envió a la Madre Teresa dos billetes de avión de ida y vuelta Calcuta-Roma-Calcuta. Fueron utilizados por la fundadora y por una acompañante, que en el caso concreto fue su segunda de a bordo, la Hermana Frederick. Llegadas a Roma en un cálido mes de agosto, hicieron un largo recorrido por los *sobborghi* (arrabales) romanos, constatando que, efectivamente, eran muchos los *baraccati* (chabolistas).

La casa romana de las Misioneras de la Caridad se «asentó» en las proximidades de la histórica y monumental *Appia Antica*. Ninguno de los miles y miles de turistas que visitan día tras día una de las áreas más atractivas de la antigüedad romana hubiera sido capaz de imaginar tal concentración de chabolismo y miseria en la *borgata* de Tor Fiscale.

## Casas en toda Europa

De las quince o dieciséis casas o centros que tienen las Misioneras de la Caridad en Italia (cuentan también con buen número de monjas de nacionalidad italiana), por lo menos cinco están en Roma.

Porque a la de Tor Fiscale siguieron otros centros. Uno de los más importantes había sido un monasterio de monjes camaldulenses. Se encuentra en las proximidades del Vaticano. Constituye el único edificio arquitectónicamente «consistente» de la congregación. Los camaldulenses, viendo que el edificio resultaba sobrante y hasta desaprovechado para el número de miembros con que contaban en la comunidad, optaron por un gesto ejemplar: ponerlo a disposición de un instituto tan dinámico y en plena expansión como el de las Misioneras de la Caridad.

Las Hermanas de la Madre Teresa les quedaron muy agradecidas. Naturalmente, tratan el edificio con todo respeto y esmero. Está situado en el número 2 de la *piazza* San Gregorio al Celio. La ocupación es casi de *overbooking,* como la de casi todas sus casas, empezando por la central de Calcuta, en el número 54 de la Lower Circular Road.

Tienen también otros centros más en diversas partes de la ciudad. Uno funciona como noviciado para Europa; está en la Via Casilina. Otro es un centro para servir comidas y dar alojamiento a mendigos; está situado en las proximidades de la *stazione* Termini. Un cuarto es un hogar-asilo para niños abandonados; se llama Casa dell'Allegria, y fue un regalo de Pablo VI a la obra de la Madre Teresa. Tienen otro, que llaman Dono di Maria; fue, en realidad, «don» de Juan Pablo II, y está situado en el propio Vaticano. Se lo pidió la Madre Teresa al Papa para proveer alojamiento (setenta plazas) y comida caliente a los *barboni* que exhibían su pobreza en la plaza que da acceso a la basílica de San Pedro. La misma sobre la que se abre la ventana del despacho del Papa y desde la que reza el *Angelus* y saluda a los fieles los domingos y días festivos.

Las Hermanas están presentes igualmente —hablando de esa Europa que tenemos más cerca— en Francia, con dos casas (Marsella y París); en Portugal (casas en Lisboa, Setúbal y Faro); en Bélgica (Gante); en Holanda (Amsterdam); en Alemania (Essen, Hamburgo, y dos en Berlín); en el Reino Unido (tres casas en Londres, una en Liverpool y otra en Glasgow); en Irlanda (Dublín), y así sucesivamente.

En España cuentan con una casa en Madrid, que fue la primera, y dos en Barcelona (Sabadell y capital), que vinieron a continuación.

También están presentes en la «otra» Europa. Desde hace menos tiempo, pero con mayor pujanza. En Polonia, con dos casas (una de ellas, noviciado) y numerosas vocaciones. En Checoslovaquia (dos casas), Hungría, Yugoslavia (tres casas), Rumanía. En la antigua URSS (hoy CEI), cuentan con nada menos que diez casas. Con cinco, y un número abundante de vocaciones nativas, en Albania. ¡Hasta tienen dos casas en Irak, ambas abiertas después de la guerra del Golfo!

En algunos de estos países —concretamente en Polonia, Yugoslavia y Albania— están destacadas Misioneras de la Caridad de nacionalidad española, junto con otras de distintos países.

## Al servicio de los más pobres entre los pobres de España

A establecerse en España las invitaron dos cardenales: Tarancón y Jubany.

El cardenal Vicente Enrique y Tarancón, que en 1976 era arzobispo de Madrid, fue quien las invitó primero. Narcís Jubany, que lo era por entonces de Barcelona, y lo siguió siendo hasta 1990, escribió a la Madre Teresa en 1977, invitándola a fundar una casa del instituto en su archidiócesis.

Ni que decir tiene que en ambos casos el requisito previo de «inspeccionar» si las condiciones de pobreza «justificaban», y con qué urgencia, la venida de las Misioneras de la Caridad, fue cumplido escrupulosamente.

Tanto en uno como en otro caso, su deducción fue la de que, efectivamente, había campo de trabajo para sus Hermanas. Tal fue la conclusión que notificó a un grupo de colaboradores españoles que, tras su visita a Madrid en 1976, sintieron impaciencia por preguntarle qué impresión se llevaba y qué decisión iba a tomar.

Su respuesta fue ésta:

—Sí, vendremos. Efectivamente, he comprobado que existen zonas de pobreza, donde las Hermanas podrán realizar la misión que Dios nos ha encomendado. Pero tendremos que demorar un poco la venida, porque hay cerca de un centenar de solicitudes anteriores que están en espera de ser atendidas. De todos modos, no aguarden a que nosotras vengamos para ponerse a trabajar en favor de los pobres.

## La mujer más famosa del mundo

Transcurrieron tres años entre la visita de «inspección» por parte de la Madre Teresa y la plasmación de su voluntad de abrir una casa.

Cuando llegó en funciones de «inspección», apenas unos pocos se dieron cuenta de su presencia. La población en general no había oído hablar de ella, o había oído poco y distraídamente. Una monja más, acaso un poco diferente, pero no demasiado.

Cuando vino con cuatro jóvenes Hermanas, dos de ellas indias, una inglesa y otra venezolana, en junio de 1980, ya fue otra cosa. ¿Qué había ocurrido entre tanto para que así sucediese?

Había ocurrido el hecho más exteriormente espectacular de su vida, por más que ésta no había cambiado en nada antes ni cambió después de tal hecho. Había ocurrido que, en octubre de 1979, el jurado del premio Nobel de la Paz había antepuesto su nombre al de cualquier otro candidato.

La noticia de la concesión del premio había catapultado el nombre de la religiosa de origen albanés y de nacionalidad india a un vértice tal de «buena» fama que en una o dos semanas se convirtió en la mujer más famosa del mundo entero. También, sin duda alguna, en la más querida y apreciada.

Tal mujer, extraordinariamente sencilla y, a la inversa, sencillamente extraordinaria, que no tenía la menor convicción de ser sencilla y aun menos de ser extraordinaria, llegó a Madrid el 21 de junio de 1980 con el propósito de ponerse, junto con cuatro jóvenes Hermanas de la congregación por ella fundada, al servicio de los más pobres entre los pobres.

## Primera casa: en Leganés (Madrid)

La primera casa española de las Misioneras de la Caridad quedó inaugurada en Leganés (Madrid), en un local de planta baja del suburbio de El Candil, con una misa celebrada por el cardenal Tarancón, el lunes 23 de junio de 1980.

La casa no era, ni nunca llegó a ser, propiedad de

las Hermanas. Era una vivienda muy modesta, como todas las que había en el barrio por entonces. La más modesta que habían encontrado los colaboradores españoles de la obra de la Madre Teresa. Bien entendido que el criterio de modestia no había dependido de voluntad de ahorro en el precio del alquiler, sino de la exigencia de acomodarse al espíritu de las futuras inquilinas. Un espíritu que les impone vivir tan pobremente como los más pobres.

En la casa de aspecto casi rústico (situada en la calle Sevilla número 3) de El Candil, había una habitación algo más cuidada que las dos restantes. Era la única con acceso también para el público, además de para las Hermanas: la destinada a capilla.

En ella, las Hermanas hacían diariamente una hora de adoración, en la que podían tomar parte otras personas. Un día a la semana, tenían la Misa (los demás días, para la Misa acudían a la iglesia parroquial del Salvador, como unas «feligresas» más).

Tomaron enseguida contacto de servicio con los más pobres y enfermos en el barrio de El Candil, en Leganés, y hasta en los cercanos Getafe y Fuenlabrada.

Luego, al poco tiempo de establecerse en Leganés, «gestionaron» otro campo de trabajo. Fue en el inmenso Madrid.

Alquilaron un local en la calle Huertas, número 73, y lo transformaron en comedor gratuito para pobres. A diario, salvo los jueves en que hacían retiro espiritual, cocinaban y servían una comida caliente, una especie de merienda-cena abundante, servida en torno a las cinco y media, para todos los pobres que acudían.

La «inauguración» estuvo precedida de un rito tan significativo como acorde con el carácter de la iniciativa. Una parte importante de aquel rito, la más directamente espiritual, fue que se inauguró con una Misa «voluntaria». Las monjas asistieron a ella junto con algunas personas que desde el primer momento, a tenor de sus disponibilidades de tiempo y ganas, se brindaron a colaborar con ellas en condiciones de gratuidad. Pero a ninguno de los futuros comensales le requirieron que asistiese.

Ni siquiera, tanto en aquellos comienzos como en estos tiempos de consolidación y extensión de los «servicios», obligan a nadie a que tome parte en la bendición de la mesa con la que empiezan las comidas. El que quiere adherirse, lo puede hacer. El que no quiera, con tal de que no quebrante el respeto a los que rezan la breve fórmula, no por eso recibirá peor trato que los demás.

El resto de aquel rito consistió en que, por la mañana del domingo en que se iba a inaugurar el comedor (octubre de 1980), una pareja de voluntarios recorrió los puntos de la ciudad donde se preveía la presencia de mendigos: las puertas de las iglesias, algunas bocas céntricas del «metro», algunos pasos subterráneos, como los de Cibeles y O'Donnell.

Llevaban un papel sencillo, en fotocopia, que decía más o menos lo siguiente: «Las Misioneras de la Caridad le dan la bienvenida al comedor gratuito situado en la calle Huertas, número 73, bajo, donde estarán a su servicio todos los días de la semana de cinco y media a siete de la tarde, salvo los jueves.»

Algunos mendigos acogieron con sospecha la invitación, a pesar de que los encargados de transmitirla hacían lo posible por mostrarse cordiales y ganarse su confianza. Pero hubo un recurso que funcionó bien. El nombre de las Misioneras de la Caridad parecía no decir mucho a los pobres, pero la aclaración de que se trataba de un comedor promovido por las religiosas fundadas por la «Monja del premio Nobel de la Paz», la Madre Teresa de Calcuta, les decía bastante más a casi todos. Les sonaba a alguien muy cercano.

De hecho, todos guardaron el papelito. Unos

cuantos llegaron con él en la mano poco antes de la hora para la que se les había citado en Huertas 73.

## Tres horas diarias de viaje para servir a los más pobres

Aquel primer día hubo pocos: unos treinta, más o menos. Sobró comida, pero pronto corrió la voz de unos a otros.

Empezaron a ir en aumento. Se tuvieron que doblar los turnos, porque las setenta plazas resultaban insuficientes. Llegó un momento en el que, aun tras doblar los servicios, aquello apenas alcanzaba a ser una solución muy escasa.

Lo de la merienda-cena no era todo. También se repartían ropas. Y se instalaron un par de duchas con agua caliente para favorecer la higiene de quienes la deseaban o necesitaban.

Atender el comedor de la calle Huertas, viviendo en Leganés, obligaba a las Hermanas a un viaje diario de ida y vuelta en los medios públicos que restaba por lo menos tres horas a su jornada y posibilidades de servicio.

Para el desplazamiento tenían que usar el autobús (que no pasaba justamente por El Candil, sino por el centro de Leganés), y el «metro». Esto les imponía reducir las horas de descanso, ya que no las podían restar a otras tareas domésticas. Menos todavía a algo consustancial con su condición de Misioneras de la Caridad: los abundantes espacios de oración impuestos por las Constituciones por que se regían, como exigencia de alimentación espiritual de sus vidas, humanamente nada fáciles.

De ahí que, a los dos años de aquel ir y venir de Leganés a Madrid y viceversa, la Vicaria general de la congregación, Hermana Frederick, con motivo de una visita a España en representación y por mandato de la

Madre fundadora, hizo lo posible por buscar otra solución.

Si una cosa dejó patente esta religiosa de origen maltés, «mano derecha» por entonces de la Madre Teresa (y en parte, desde otros puestos de responsabilidad, también actualmente), fue su ágil y limpia capacidad de gestión para resolver situaciones concretas.

De hecho, en menos de dos semanas dio con la solución que buscaba, gracias también al apoyo de algunos colaboradores de la obra. Consistió en una casa algo mayor, no alquilada sino comprada, en el barrio de Vallecas (calle Quijada de Pandiellos, número 77).

La «lugarteniente» de la Madre Teresa optó por que la nueva casa tuviera mayor capacidad, por una constatación que se había venido haciendo hasta entonces. Si las monjas «fijas» de la comunidad no eran más que cuatro (cinco, cuando se encontraba de paso la Madre Teresa, la propia Hermana Frederick o la Madre provincial), había quincenas en las que la ocupación se doblaba, con la presencia de hasta cuatro candidatas en prueba (las ya mencionadas *come and sees*).

Tales candidatas han sido siempre en su mayoría españolas, pero también ha habido excepciones. De hecho, antes de que las Misioneras de la Caridad se estableciesen en Portugal, también pasaron por Leganés y por Vallecas jóvenes del país vecino.

En algún caso, por diferentes razones, pasaron igualmente jóvenes francesas. Hubo una joven de Burdeos que hizo «prácticas», con resultado positivo, un tórrido verano que pasó en Madrid. Había venido para realizar un curso de perfeccionamiento de español. Empezó trabajando con las Hermanas los fines de semana. Una vez terminado el curso, decidió intensificar la experiencia a horario pleno.

Poco después, tras regresar a Francia, entró en el instituto. Pero no en Madrid, sino en Calcuta.

## El comedor para pobres cambió de sitio

Más o menos por esa misma época, los propietarios del local de la calle Huertas dijeron necesitarlo para otro uso. Pero también se les había quedado pequeño a las Hermanas.

Tuvieron que buscar otro comedor para pobres. Dieron con él a corta distancia de donde se encontraba el anterior.

Se trataba de un local de mayor capacidad y de fácil acondicionamiento. Estaba situado en la calle del Doctor Cortezo, número 4, frente al Teatro Calderón, al lado mismo de la plaza de Jacinto Benavente.

El local pertenecía, o había pertenecido, a una antigua fundación benéfica llamada del Ave María, que había quedado debilitada en sus posibilidades económicas mucho más que en sus objetivos. Sus responsables parecieron tan felices del nuevo uso para el local que ellos mismos lo ofrecieron a las monjas de la Madre Teresa en condiciones ejemplarmente favorables.

Una de las ventajas que ofrecía el edificio era que, en su segunda planta, contaba con una hermosa capilla. De tal suerte, los domingos por la tarde se celebraba en ella una Misa, antes de que se sirviese la merienda-cena caliente. Nadie estaba obligado a asistir. Pero acudían voluntariamente muchos de los que bajaban luego al comedor. Unos, para comer. Otros, también numerosos, para servirles la comida, hacer la limpieza o fregar platos y cacerolas. Ellos eran y son los llamados «colaboradores».

## La Madre Teresa preguntó: «¿Dónde duermen los mendigos de Madrid?»

Habría que situar por la misma época —primavera de 1982— la fundación de la casa de Sabadell. Pero tampoco nos hemos propuesto un orden cronológico estricto. Baste, de momento, con tan somera alusión, y la promesa de no descuidar el tema.

El comedor-cocina, con capilla anexa, de la calle del Doctor Cortezo esquina a Jacinto Benavente, funcionó —y muy bien— unos cuantos años. Pero tuvo que ser abandonado cuando, con motivo de la remodelación del centro de Madrid, permaneció en obras durante un tiempo prolongado. Costó buscar una alternativa. Una de las razones, entre las principales, era de prejuicio social. Nadie ofrecía de buena gana un local para semejante clase de público. Al final apareció uno, en la Ronda de Segovia número 1, junto a la parroquia de Santa María de la Cabeza. Hubo muchos titubeos previos, pero terminó por imponerse el sentido evangélico...

Una vez, en el frío otoño de 1984, la Madre Teresa se encontró de visita a sus Hermanas de Madrid. Como hace siempre que se encuentra de paso en España (o en cualquier otro sitio, y desde luego en Calcuta), fue a la cocina-comedor y cumplió las mismas labores que la más joven de sus hijas: ayudar en la cocina y servir a los pobres, hablando con ellos y, sobre todo, escuchándolos y sonriéndoles.

Aquella gélida tarde, los «colaboradores» que se enteraron de que la Madre estaba de paso y pudieron hacerlo, acudieron a la calle Doctor Cortezo, número 4. Uno de los más generosos y próximos a las Hermanas, Pascual Cervera, que hablaba bien inglés, disfrutó del «privilegio» de satisfacer una curiosidad humana de la ex Nobel de la Paz.

Cuando los pobres empezaban a abandonar el

local, tras haber comido, despidiéndose tímidamente de la anciana religiosa, ésta le preguntó a Pascual:

—Y ahora, ¿adónde van a dormir todos estos pobres?

Pascual le dijo lo que sabía. No era muy entusiasmante, pero era la pura verdad:

—Pues, Madre... Algunos van a un albergue municipal. Los que disponen de una pequeña cantidad de dinero, van a alguna pensión barata. Pero los hay que duermen en alguna boca del «metro», en edificios en ruinas, o en los pasos subterráneos entre calles más o menos céntricas.

—Oh, Pascual. Esto no se puede tolerar. ¡Cómo podemos permitir que Jesús siga sin tener alojamiento, como en Belén!

(El lector sabe que la Madre Teresa identifica a Cristo bajo el disfraz de los pobres.)

Pascual le dijo que ya llevaban algunos meses haciendo gestiones para encontrar una solución. Pero que las dificultades se sucedían unas a otras.

La Madre Teresa le contestó que aquellas gestiones se debían urgir lo más posible, porque la situación de los pobres era intolerable. Luego aceptó agradecida que Pascual se brindase a llevarlas en coche, a ella y a las Hermanas, a la casita vallecana de Quijada de Pandiellos. Aceptó también su ofrecimiento de irla a recoger a la mañana siguiente, para que pudiese acudir a una cita en el Arzobispado de Madrid.

**El alcalde Tierno prometió ayuda.
Y cumplió su promesa**

Justamente cuando la llevaba en su viejo Austin Morris por la calle de Méndez Alvaro hacia la de Bailén, donde están las oficinas del Arzobispado, Pascual pudo darse cuenta de que la Madre Teresa seguía obsesionada por la urgencia de encontrar alojamiento para los pobres.

Pasaron junto a un gran edificio desocupado. Quiso verlo.

—Pascual —le dijo—, ése es el lugar que nos sirve para que los pobres del comedor duerman a cubierto. ¿De quién será?

Se acercaron y vieron que pertenecía a un grupo de empresas cuya sede social se encontraba por el centro. La Madre Teresa se hizo llevar hasta allí. Deseaba hablar con la dirección general del grupo empresarial para pedir el edificio para los pobres.

Le dijeron que no era posible, por tratarse de una zona industrial. Como alternativa, le ofrecieron un terreno en condiciones de gratuidad. Sólo tenía que arreglárselas para conseguir permiso de edificación del Ayuntamiento.

En aquellos tiempos, al frente del Ayuntamiento se encontraba don Enrique Tierno Galván. El cual, cuando supo que la Madre Teresa deseaba hablar con él, hizo todo lo posible por encontrar un hueco en su jornada.

Dio a la religiosa albano-india todas las seguridades de que intentaría complacerla, y las cumplió.

Tras el encuentro con el «viejo profesor», la Madre Teresa tenía que salir con urgencia para Beirut. Desde Barajas, en una simple hoja de papel de cuaderno, escribió una carta de agradecimiento al señor alcalde. Alguien supo, por habérselo escuchado a él, que Tierno Galván conservó aquella carta, menos protocolaria pero más auténtica que ninguna, como una reliquia.

## Inauguración con la presencia de doña Sofía

Tardó algún tiempo, casi un par de años, en surgir el nuevo edificio, situado entre el puente de Segovia y el cementerio de San Isidro. Pero llegó a término.

Es funcional y relativamente cómodo. Más que lo que la Madre Teresa hubiera deseado. Por eso, el constructor, Enrique Armijo —por otra parte, gran amigo de la obra de la Madre Teresa—, escuchó de ella un amable reproche.

Alguien se preguntará por qué la Madre Teresa se quejó de que el «albergue» hubiera resultado funcional y cómodo. Su criterio es que si los pobres se encuentran en un ambiente demasiado refinado, es probable que no se sientan a gusto, con libertad, como si fuera su casa. Ellos necesitan más bien ambientes sencillos.

El local fue inaugurado el 31 de julio de 1986. Celebró la misa otro obispo, ausente una vez más de Madrid, el cardenal Tarancón. Estaba presente la Madre Teresa. También, Su Majestad la reina doña Sofía. Y su hermana, la princesa Irene de Grecia.

Tiene capacidad para cuarenta mujeres y para otros tantos hombres. Se encuentra casi siempre lleno, con una población fluctuante, por una doble razón: no todos los necesitados aceptan de buena gana las reglas de una convivencia relativamente disciplinada cuando proceden —es el caso de un cierto número de ellos— del «nomadismo» callejero; además, se produce también la normal renovación «vegetativa», dadas las circunstancias de edad y salud de una buena parte de los residentes.

No es un asilo, sino un hogar. En él viven también las monjas. La mayoría de los residentes son ancianos y ancianas, no pocos de ellos enfermos, que no tienen quien se ocupe de ellos. Lo hacen unas Hermanitas, algunas de ellas indias y casi todas muy jóvenes, que han hecho voto de consagrarse de por vida al servicio generoso, exclusivo y gratuito de los más pobres entre los pobres.

Las mitificaciones no proceden, ni siquiera cuando son más o menos «piadosas» y arrancan de buena intención. Pero no es mitificación asegurar que esas monjas, y algunas personas seglares que voluntariamente les echan una mano, dan la impresión de respirar una felicidad sólo en apariencia incomprensible. De esa felicidad se contagia un poco el ambiente del hogar, y hasta quien busca pretexto —que tampoco es tan difícil de encontrar— para ir por allí (por ejemplo: a la hora de la Misa, los domingos a las diez, la puerta de acceso al hogar permanece abierta).

## Y en Sabadell y Barcelona

La casa de Sabadell, primera de las Misioneras de la Caridad que entró en funcionamiento en Cataluña, es un hogar para mujeres ancianas y desatendidas. Nació como tal y como tal sigue. Además, las Hermanas visitan a enfermos y ancianos que viven solos.

Unos años después de la de Sabadell, surgió la de Barcelona. En la ciudad, en la zona centro, junto a la parroquia de Sant Jaume, que fue la que les cedió los locales de habitación y asistencia, hay una comunidad de cuatro Hermanas que, con la ayuda de unos colaboradores excepcionalmente activos y generosos, mantienen y atienden una cocina-comedor para pobres. En tres turnos, pasan a diario por él en torno a las trescientas personas.

Las Misioneras de la Caridad están sometidas a frecuentes cambios de destino. Tales cambios son consecuencia del dinamismo de una congregación joven y en continuo desarrollo.

Asegura la Madre Teresa que la sorprende y llena de admiración comprobar que, en menos de veinticuatro horas, cualquier Misionera de la Caridad está disponible para el traslado de una casa a otra. Esos traslados, a menudo, son de un país a otro, y hasta de un continente a otro.

Pero muchos son entre casas próximas y dentro de

un mismo país. Ocurre a menudo el intercambio de Hermanas entre Sabadell o Barcelona y Madrid, y viceversa.

Si en Madrid (y en otras partes de España) la obra de la Madre Teresa ha contado desde el primer momento con generosos colaboradores, todos admiten que los de Barcelona en particular y los de Cataluña en general son más activos, numerosos y constantes.

Es fácil que, debido a deformaciones mentales con fundamento en hábitos de frecuente observación, alguien piense enseguida que lo de la «colaboración» tenga como primer requisito contribuciones pecuniarias. No es así. La Madre Teresa aprecia el dar, pero muy secundariamente respecto al darse. Dar parte del propio tiempo. Dar comprensión. Dar calor humano. Dar amor.

Y con una sutil psicología que exige sensibilidad para ser comprendida, asegura que, al dar de tal manera, es más aún lo que se recibe. Porque ella, experta como pocos en el tema, sostiene la «revolucionaria» teoría de que no siempre son más pobres los tenidos por tales. Asegura que pobres lo somos todos un poco.

## La Madre Teresa y el dinero

Tenemos experiencia de que el conocimiento de la trayectoria, las iniciativas, los métodos de la obra de la Madre Teresa de Calcuta despierta en muchos sentimientos de colaboración.

Si no queda suficientemente claro en lo que precede, es obligado dejar constancia de que la Madre Teresa prohíbe expresamente a sus monjas y colaboradores emprender iniciativa alguna orientada a recaudar fondos económicos para sus obras.

Es muy probable que lo haga porque, a pesar de no pedir, recibe lo suficiente para mantener todos sus centros, no sólo en España, sino en todo el mundo. Son varios centenares y ofrecen asistencia y acogida diariamente a muchos miles de personas necesitadas.

Pero lo hace también, según ha confesado en más de una ocasión y en más de una circular, para no contribuir al desprestigio generado por un «pedigüeñismo» en algunos casos excesivo.

Lejos, pues, de nosotros exhibir un celo fuera de lugar, contraviniendo así la voluntad explícita de la Madre Teresa. Pero si tal voluntad es diáfana y sincera, no lo es menos el hecho de que ni la Madre Teresa ni sus Hermanas rechazan nada que, bajo cualquier forma, reciban para los pobres a quienes sirven.

Interpretamos que no lo aceptan por avidez, sino porque se consideran simples intermediarias, sin derecho para privar a los pobres, que para ellas son Cristo y a Él representan, de la generosidad de sus hermanos.

Tenemos constancia de que, efectivamente, las Hermanas de la Madre Teresa canalizan mucha generosidad de otros hacia los pobres. Cuando la gente tiene garantías de que ni un céntimo de lo que da, a veces con sacrificio, se «extravía» por el camino, muchos dan de buena gana y en abundancia.

Privar a quienes se sintiesen animados a ser generosos de las direcciones de los principales centros de la Madre Teresa en España sería una omisión en este libro de la que no queremos hacernos responsables.

Dejada, pues, constancia de que la Madre Teresa no favorece (sino que prohíbe) las campañas directas para la recaudación de fondos económicos, registramos, como información y servicio complementarios, las direcciones de sus centros en España. Son los siguientes:

## En Madrid

*Residencia de las Hermanas y hogar*
Misioneras de la Caridad
Hogar Inmaculado Corazón de María *
Paseo de la Ermita del Santo, número 45
Teléfono (91) 463 37 44
28011 Madrid

*Comedor para pobres* (de 17 a 19,30 horas)
Misioneras de la Caridad
Ronda de Segovia, 1
28005 Madrid

## En Sabadell

*Residencia de las Hermanas y hogar*
Misioneras de la Caridad
Alfonso Sala, 47
Teléfono (93) 726 93 83
08202 Sabadell (Barcelona)

## En Barcelona

*Residencia de las Hermanas y comedor*
Misioneras de la Caridad
Parroquia de Sant Jaume
Leona, 9
Teléfono (93) 317 94 61
08002 Barcelona

---

\* Desde mayo de 1992, las Hermanas de la Madre Teresa han añadido una nueva forma de asistencia caritativa a las que ya venían practicando en Madrid, con la entrada en funcionamiento, en la misma finca donde se encuentra el Hogar Inmaculado Corazón de María, de una residencia para enfermos terminales de SIDA. La iniciativa partió de la propia Madre Teresa. Inicialmente la

Todo el mundo comprende las razones que nos han movido a ofrecer estas direcciones. Tal comprensión hace superfluo añadir que, justamente por respeto a la condición y circunstancia de quienes dirigen dichos centros, pero también de sus residentes y beneficiarios, están aquí para una utilización en horarios que no perturben la convivencia de unos y otras. Son los más adecuados a un colectivo de tales características y condiciones.

---

pensó para acoger a niños hijos de madres con SIDA. Ante las dificultades técnico-legales, optó por el nuevo destino, que corresponde igualmente al objetivo de su obra de dedicación exclusiva y preferente a los pobres más pobres.

# BIBLIOGRAFÍA COMENTADA SOBRE LA MADRE TERESA DE CALCUTA

### Aclaración

La bibliografía se consigna en orden alfabético de los apellidos de sus autores. Se trata de un criterio puramente convencional. Otro, igualmente convencional y nada «comprometido», hubiera podido ser consignarla en el orden cronológico de aparición. Y un tercero, más comprometido y en absoluto convencional sino «arriesgado», hubiera consistido en disponerla a partir de una valoración subjetiva. Es decir, empezando por aquellas obras que se consideran más importantes.

En todo caso, tampoco pretendemos rehuir el «riesgo» de emitir una valoración subjetiva. A fin de cuentas, existe cierta obligación ética de hacer justicia a quien, de buena fe, se considera merecedor de ocupar un lugar más destacado que otros.

En el caso presente no nos caben dudas de que la obra a la que le corresponde la primacía del mérito es la de Malcolm Muggeridge titulada: *Something beautiful for God. Mother Teresa of Calcutta.* Fue el primer libro que se escribió sobre la Madre Teresa y su obra. Fue el que la dio a conocer en todo el mundo y sobre todo en Occidente. El que despertó el interés de muchos otros biógrafos y reporteros. Acaso, incluso, el que explica en buena parte el hecho de que el jurado del

Nobel de la Paz 1979 se decidiera por la religiosa albano-india. De hecho, aunque la concesión se produjese en ese año, en realidad el nombre de la Madre Teresa ya había figurado en otras candidaturas precedentes, si no —que se sepa— oficiales, sí por lo menos «populares».

El libro de Malcolm Muggeridge tuvo el mérito añadido de ser, en su momento, la obra de un periodista —un gran reportero del mejor periodismo inglés, escrito y hablado, en las páginas de cabeceras prestigiosas como *The Guardian, Evening Standard, Daily Telegraph, The Times,* y ante las cámaras de la no menos prestigiosa BBC— que no era católico sino agnóstico (se hizo católico, confesando haber encontrado una de las razones de su mutación de actitud religiosa en el ejemplo de la Madre Teresa de Calcuta, a comienzos de los ochenta).

Si el lector exigiese que la lista prosiga en orden, añadiremos que, tras la obra de Muggeridge, ya surgen los titubeos. ¿La de Eileen Egan? ¿La de Desmond Doig? ¿La de Edward Le Jolly? Bajo distintos criterios, las tres merecen destacarse. Y la de Lush Gjergji. Y la de Robert Serrou... Y una en castellano (y que se nos perdone no encubrirnos bajo una modestia que no hubiera sido sincera: hay cosas que salen bien, no siempre por mérito del escritor, sino en parte principal por el tema): *El Sari y la Cruz...*

De casi todos los libros de esta lista existen traducciones en castellano, aunque en varios casos agotadas (y tal es el del libro de Malcolm Muggeridge, publicado por Ediciones Sígueme, de Salamanca). ¿Que por qué, entonces, las citamos en sus lenguas originales? Porque, salvo la del sacerdote albano-yugoslavo Lush Gjergji, todas las hemos manejado en dichas lenguas. Y porque, si alguien desea consultarlas, también a partir de la edición original dispondrá de un criterio adecuado para localizar su traducción castellana, en el caso de que aún exista en el mercado.

## Obras sobre la Madre Teresa

Doig, Desmond, *Mother Teresa: her People and her Work*, Collins, Londres, 1976.

Un libro «indio» acerca de la Madre Teresa, sus «gentes» y su obra. Indio por la nacionalidad y sensibilidad del autor. Pero sobre todo por su ambientación. Recoge en directo el testimonio de las personas que estuvieron más próximas a la Madre Teresa en los comienzos de su obra, y retrata con fidelidad el medio donde su obra tomó arraigo.

Egan, Eileen, *Such a Vision of the Street. Mother Teresa: the Spirit and the Work*, Doubleday Co. Inc., Nueva York, 1985.

Libro «monumental», extenso. Escrito por una de las personas que han seguido más de cerca a la Madre Teresa desde épocas en que casi nadie la conocía. La autora demuestra haber llevado un diario fiel y detallado de sus numerosos encuentros y periplos con la Madre Teresa. Si un defecto tiene este libro, si se puede considerar como tal, es su carácter marcadamente «norteamericano». No en el sentido de que reduzca el alcance de la misión y obra de la Madre Teresa, sino en la prevalencia de episodios y coprotagonistas estadounidenses.

Gjergji, Lush, *Madre Teresa: prima biografia completa*, Jaca Book SpA, Milán, 1983.

Este libro del sacerdote albano-yugoslavo Lush Gjergji contiene dos capítulos (los primeros: sobre la *infancia* y la *vocación misionera* de la protagonista y paisana del autor) de suma importancia para reconstruir los primeros dieciocho años de la vida de la futura Madre Teresa de Calcuta.

González-Balado, José Luis, *Cristo en los arrabales: Madre Teresa de Calcuta*, Ediciones Paulinas, Madrid, 1973 (agotado).

En su momento, fue un libro útil para la divulgación de la imagen de la religiosa albano-india en el mundo de habla hispana. Adolecía del estado, en aquellos momentos, de la bibliografía sobre la Madre Teresa. Datos periodísticos, en algunos casos de escasa fiabilidad, hilvanados con un cierto brío narrativo y con intención ingenuamente encomiástica.

González-Balado, José Luis, *La sonrisa de los pobres: anécdotas de la Madre Teresa*, Ediciones Paulinas, Madrid, 1982.

El subtítulo especifica el género particular de este libro. Presupone un conocimiento de lo esencial de la bibliografía de la Madre Teresa. Ayuda a profundizar en el contenido de su mensaje con la aportación de pensamientos bien seleccionados y traídos, que llevan la firma de la fundadora de las Misioneras de la Caridad.

González-Balado, José Luis, *El Sari y la Cruz. La vida y la obra de la Madre Teresa de Calcuta* (prólogo de Su Majestad la reina doña Sofía), Ediciones Paulinas, Madrid, 1987.

La biografía más extensa y actual sobre la religiosa albano-india. Su infancia y juventud. Su vocación. Su pertenencia originaria a las Hermanas de Nuestra Señora de Loreto (Damas Irlandesas). Su llamada al servicio de los pobres. La fundación de las Misioneras de la Caridad. Su aprobación papal. Su prodigiosa expansión por el mundo entero. Los premios...

Gorrée, Georges, y Barbier, Jean, *Amour sans frontières: Mère Teresa de Calcutta*, Editions du Centurion, París, 1972.

El librito de Gorrée-Barbier tuvo, para el público francófono, una función parecida a la que cumplió *Cristo en los arrabales* para hispanoparlantes. Fue un instrumento importante, en la década de los setenta, para promover el conocimiento de la obra de la Madre Teresa en Francia, Canadá, Bélgica y Luxemburgo, suscitando colaboración y numerosas vocaciones.

Gray, Charlotte, *Mother Teresa*, Exley, Watford (Reino Unido), 1988.

Una breve obra de carácter divulgativo, orientada sobre todo para lectores jóvenes. Enriquecida con una ilustración abundante y bien escogida.

Le Jolly, Edward, *We do it for Jesus: Mother Teresa and her Missionaries of Charity*, Darton, Longman & Todd, Londres, 1977.

El autor es una de las personas que mejor conocen el espíritu de la obra de la Madre Teresa, habiendo sido capellán durante veinte años de la casa matriz y noviciado de las Misioneras de la Caridad en Calcuta. Él mismo resume así el contenido de su obra: «Este libro se esfuerza por describir los comienzos, la finalidad y el espíritu de las Misioneras de la Caridad desde la óptica de quien ha permanecido durante muchos años en contacto con la fundación de la Madre Teresa.»

Le Jolly, Edward, *Mother Teresa, Messenger of God's love: Mother Teresa's spirituality and influence in the World*, The Bombay St Paul Society, Bombay, 1983.

A través de un gran número de episodios y anécdotas, el padre Le Jolly pone en contacto al lector con todo lo que convierte en singular, a los ojos del mundo, la empresa espiritual de la Madre Teresa.

Muggeridge, Malcolm, *Something beautiful for God: Mother Teresa of Calcutta*, Collins, Londres, 1971.

Más bien reportaje que biografía, el libro de Malcolm Muggeridge tuvo el mérito de ser el primero en darla a conocer de la mano (y espléndida pluma) de un número uno del periodismo mundial. No es mucho más lo que se puede decir de este libro. Tampoco se podía decir menos.

Porter, David, *Mother Teresa. The early years*, SPCK, Londres, 1986.

En este libro se habla de la familia de Gonxha Bojaxhiu y de los primeros acontecimientos de su vida, su llamada para la vida religiosa y su posterior «vocación dentro de la vocación» de servir a los más pobres de los pobres en la India. De él afirma su autor estar «basado en la primera biografía oficial sobre la Madre Teresa, publicada en lengua albanesa y escrita por Lush Gjergji, primo de la Madre Teresa».

Rae, Dafne, *Love until it hurts: A tribute to Mother Teresa and the Work of the men and women of the Missionaries of Charity,* Hodder & Stoughton Ltd, Sevenoaks, Kent (Reino Unido), 1981.

El subtítulo de este libro explica bien su contenido: homenaje a la obra de la Madre Teresa y de sus Hermanas y Hermanos. La autora resume en él su experiencia de primera mano, tras haber compartido con las Misioneras y Hermanos Misioneros de la Caridad en Calcuta un largo período al servicio de los pobres más pobres.

Serrou, Robert, *Teresa of Calcutta,* McGraw-Hill Book Company, Maidenhead, 1980.

El autor fue por algunos años comentarista religioso de *París-Match.* Este libro es un reportaje en profundidad sobre la Madre Teresa, sobre su patria geográfica de nacimiento, sobre el alcance de su obra y sobre el momento estelar de su vida con motivo del Nobel de la Paz 1979. Resulta de particular interés la documentación fotográfica, sobre todo la referida a la niñez y juventud de Gonxha Bajaxhiu (futura Madre Teresa).

Spink, Katryn, *For the Brotherhood of Man under the Fatherhood of God: Mother Teresa of Calcutta, her Missionaries of Charity and her Co-Workers,* Colour Library International, New Malden (Reino Unido), 1981.

En un ambiente y momento en que la figura de la Madre Teresa y de sus Hermanas había alcanzado una fuerte notoriedad, este libro sacó a primer plano un tercer elemento importante: los colaboradores. Es su aspecto de mayor originalidad y riqueza documental. Su edición americana lleva un título más «inmediato» que la inglesa: *The miracle of love* (El milagro del amor). El subtítulo es el mismo en una y otra ediciones.

Spink, Katryn, *A Chain of Love: Mother Teresa and her Suffering Disciples,* SPCK, Londres, 1984.

En este libro sobre «la Madre Teresa y sus discípulos sufrientes», tan protagonista como la religiosa albano-india resulta Jacqueline de Decker, su madrina espiritual y coordinadora de esa rama de colaboradores de la Madre Teresa: la de los enfermos. El libro llena un hueco importante en la bibliografía sobre la Madre Teresa de Calcuta.

## Escritos de la Madre Teresa

*A gift for God: Mother Teresa of Calcutta,* compilado e introducido por Malcolm Muggeridge, Collins, Londres, 1975.

Antología esencial de «expresiones, oraciones, meditaciones, cartas y mensajes de la Madre Teresa», precedidos de una introducción de Malcolm Muggeridge que centra el tema con el siguiente enunciado: «La Madre Teresa es parca en palabras, si no ya en casi todo, excepto en el amor y culto a Dios. Pero cuando las emplea, tanto verbalmente como por escrito, le brotan siempre del corazón y son muy característicamente suyas.»

*Jesus, the Word to be spoken. Prayers and meditations for every day of the year,* compilado por el Hermano Angelo Devananda Scolozzi, Servant Books, Ann Arbor, Mich. (Estados Unidos), 1986.

En este libro se recogen las palabras de la Madre Teresa a sus Misioneras y Hermanos Misioneros de la Caridad, pero también a cada uno de nosotros sobre el gozo de vivir por completo para Jesús. Sus palabras resultan al mismo tiempo prácticas y profundas.

*Mother Teresa, contemplative in the Heart of the World,* selección de cartas y enseñanzas, introducido por el Hermano Angelo Devananda Scolozzi, Servant Books, Ann Arbor, Mich. (Estados Unidos), 1985.

Este libro se presenta por el editor como «óptica espiritual de la Madre Teresa de Calcuta», la «mujer que ha cautivado a millones de personas esparcidas por el mundo entero mediante su testimonio de pobreza radical y de generosa entrega a los más pobres entre los pobres».

*Love: a Fruit always in Season,* meditaciones diarias de la Madre Teresa seleccionadas y editadas por Dorothy S. Hunt, Ignatius Press, San Francisco, 1987.

«El amor —dice la Madre Teresa— es un fruto de todas las estaciones y al alcance de cada mano. Todos lo pueden recoger sin límites de cantidad. Todos pueden alcanzar ese amor por medio de la meditación, de la oración, del sacrificio y de una intensa vida interior.»

*Tu m'apportes l'amour. Écrits spirituels de Mère Teresa de Calcutta,* recopilación y presentación por Georges Gorrée y Jean Barbier, Le Centurion, París, 1975.

Conversaciones, escritos, textos de reflexión para sus comunidades: nada en ellos resulta extraordinario a no ser —¡pero lo es todo!— que las palabras de este libro llevan el sello de una vida transformada por la fe y el amor.

*La alegría de darse a los demás,* selección y traducción de textos de la Madre Teresa por José Luis González-Balado, Ediciones Paulinas, Madrid, 1977.

Si algo se desprende de los textos que aquí se recogen es el «poder transformador de la entrega de uno mismo a los demás». Y es, al mismo tiempo, una mayor aproximación al secreto de la Madre Teresa, a la fuente de su felicidad, de su fuerza interior y de su entrega.

*Seremos juzgados sobre el amor. Mensajes de la Madre Teresa,* textos recogidos, ordenados, traducidos, anotados y comentados por José Luis González-Balado, Ediciones Paulinas, Madrid, 1984.

En este libro se recogen los «acentos patéticos y en absoluto artificiales» de esa «mensajera de sari blanquiazul» que nos habla de lo que ella ve y vive, haciendo tambalearse nuestro sistema de valores en un mundo tan cercano a nosotros como, acaso, nuestro vecino de enfrente o nuestra propia familia. Un mundo cuyo nombre es miseria, desesperanza, soledad. Y que sólo lograremos descubrir con los ojos del corazón.

*Ver amar servir a Cristo en los pobres,* mensajes de la Madre Teresa de Calcuta recogidos, ordenados, traducidos, anotados y comentados por José Luis González-Balado, Ediciones Paulinas, Madrid, 1991.

Según la Madre Teresa de Calcuta, la capacidad de ver (identificar) a Cristo en los pobres —*Cada vez que lo hicisteis con uno de estos mis hermanos más pequeños, conmigo lo hicisteis* (Mt 25, 40)—, lleva a amarlos, y el amor lleva a servirlos. No es otra la tesis fundamental de este libro, sintetizada en su título.

## Libros sobre los Hermanos Misioneros de la Caridad

González-Balado, José Luis, y Playfoot, Janet, *Apuesta por Cristo en los pobres. La aventura espiritual del Hermano Andrew,* Ediciones Paulinas, Madrid, 1985 (agotado).

La historia del Hermano Andrew se parece un poco a la de la Madre Teresa. Está llena de atractivo espiritual y humano. No por nada él, en cuanto cofundador y primer Siervo general de los Hermanos Misioneros de la Caridad, fue el más directo colaborador y copartícipe del carisma de la Madre Teresa. En este libro se traza la historia de tal paralelismo y diversidad, al propio tiempo que se refleja la historia, prometedora y densa, de los Hermanos Misioneros de la Caridad.

Solomon, Geoffrey, *Brothers of Mother Teresa,* St Paul Publications, Homebush (Australia), 1987.

En este libro se habla de la obra y la vida de los Hermanos Misioneros de la Caridad y de su primer Siervo general, el ex jesuita australiano Hermano Andrew. El autor, tras haber enseñado durante más de treinta años en una academia militar, abandonó el ejército para convertirse en director ejecutivo del Consejo Australiano de Ayuda a Ultramar, lo que le permitió establecer un contacto intenso y prolongado (cuatro años) con los Hermanos Misioneros de la Caridad y escribir este libro con cabal conocimiento de causa.

Spink, Katryn, y González-Balado, José Luis: *Spirit of Bethleem. Brother Andrew and the Missionary Brothers of Charity*, SPCK, Londres, 1987.

Reelaboración, con los materiales del primer libro citado en este apartado de la Bibliografía y con algunos datos más, del perfil biográfico del Hermano Andrew para uso y consumo de lectores angloparlantes. Es decir, para un público menos familiarizado con la mentalidad católica, pero, posiblemente, más abierto a temas ecuménicos y religiosamente plurales. A un público, quizá y por ello, no menos sensible respecto a temas de fuerte atractivo humano y cristiano.

# ÍNDICE ONOMÁSTICO

Agnes, Hermana (Subashini Das): 41, 42
Andrew, Hermano (Ian Travers-Ball): 20, 24, 49
Armijo, Enrique: 244

Benítez (monseñor): 227
Bernai, Drana: 28, 29, 31
Blaikie, Ann: 108, 111
Bojaxhiu, Aga: 28, 29, 31
Bojaxhiu, Lazar: 28, 29
Bojaxhiu, Nikollë: 28
Bolívar, Simón: 229

Castro, Fidel: 92, 230
Cervera, Pascual: 241, 242
Cooke, Terence: 127

Daleau (abate): 118
Decker, Jacqueline de: 114-117

Dengel, Madre: 43, 44
Dorothy, Hermana: 42

Edimburgo, Felipe de: 64
Enrique y Tarancón, Vicente: 234, 235, 244
Estanislao de Kostka, San: 108

Frederick, Hermana: 42, 231, 238, 239
Francisco de Asís, San: 80, 107, 187
Franco, Francisco: 230

Gandhi, Indira: 181, 182
Gandhi, Mohandas Karamchand (Mahatma): 77
Gertrude, Hermana: 42
Gorrée, Georges: 118
Grattan-Esmonde, Alice: 18
Grecia, Irene de: 244
Grecia, Sofía de: 244

Hnilica, Paul: 19, 20

Ignacio de Loyola, San: 80

Juan XXIII: 19
Juan Berchmans, San: 108
Juan Pablo II: 89, 108, 188, 232
Jubany, Narcís: 234

Kanjnc, Betika: 31
Knox, James Robert: 227

Letnice, Nuestra Señora de: 26, 27

Marcos, Ferdinand: 91
Margaret, Hermana: 42
Margarita María Alacoque, Santa: 108
Mary, Hermana: 42
Muggeridge, Malcolm: 204

Nirmala, Hermana: 118

Pablo VI: 25, 47, 113, 130, 171, 204, 223, 227, 230, 232
Perier, Fernando: 34
Pío X: 70
Pío XII: 43, 223

Selassie, Haile: 128
Sheen, Fulton: 189
Spellam, Francis: 127
Spink, Katryn: 114

Teresa de Ávila, Santa: 32, 107
Teresita del Niño Jesús, Santa (Teresa de Lisieux): 32, 70, 84, 202
Tierno Galván, Enrique: 243
Tito (Josep Broz): 186

Vicente de Paúl, San: 87

Ward, Mary: 30, 38